铁路检测实训指导书

主　编　牟春龙
副主编　张　振　崔　恒
参　编　焦　洋　于海涛　赵永锟

华中科技大学出版社
中国·武汉

内 容 简 介

本教材用于指导铁路检测作业,注重培养和提高学生的铁路检测职业技能。依据现行的有关技术标准和相关设计资料,本教材认真总结了我国前期引进技术及相关工程试验段的成果和经验,借鉴了国际先进标准,充分体现了高速铁路无砟轨道的技术特点和质量要求。

本教材围绕铁路检测作业的特点进行编写,体现了我国铁路检测作业所采用的完全自主创新的技术、工艺、设备和材料,具有适用性、先进性、科学性和可操作性。

图书在版编目(CIP)数据

铁路检测实训指导书 / 牟春龙主编. -- 武汉:华中科技大学出版社,2025.1. -- ISBN 978-7-5772-1449-8

Ⅰ. U216.3

中国国家版本馆CIP数据核字第2025W6J128号

铁路检测实训指导书   牟春龙   主编
Tielu Jiance Shixun Zhidaoshu

策划编辑:金　紫
责任编辑:陈　骏
封面设计:原色设计
责任校对:张会军
责任监印:朱　玢

出版发行:华中科技大学出版社(中国•武汉)　　电话:(027)81321913
　　　　　武汉市东湖新技术开发区华工科技园　　邮编:430223
录　　排:华中科技大学惠友文印中心
印　　刷:武汉市洪林印务有限公司
开　　本:787mm×1092mm　1/16
印　　张:7.25
字　　数:146千字
版　　次:2025年1月第1版第1次印刷
定　　价:36.00元

本书若有印装质量问题,请向出版社营销中心调换
全国免费服务热线:400-6679-118　竭诚为您服务
版权所有　侵权必究

前言
Preface

随着高速铁路技术的飞速发展,铁路轨道施工测量作为确保列车运行安全和提高运输效率的关键技术,正受到越来越多的关注。为了适应这一技术不断拓展的要求,培养具备高水平铁路轨道施工测量技能的专业人才变得尤为重要。本教材正是在这样的背景下应运而生的,旨在为高职高专院校的学生提供一个全面、系统地学习铁路轨道施工测量知识与技能的平台。

本教材由具有丰富实践经验的行业专家和资深教师共同编写,内容涵盖了铁路轨道施工测量的基本原理、操作规程、设备使用、数据处理以及质量控制等多个方面。全书共分为九章,其中第 2~9 章配有详细的操作流程、技术规范和实训要求,以确保学生能够掌握铁路轨道施工测量的理论知识和实践技能。本教材具有以下特点。

(1)系统性与全面性:本教材内容系统全面,从基础理论到实际操作,从设备使用到质量控制,应有尽有,为学生提供了一个完整的学习体系。

(2)实用性与操作性:本教材强调理论与实践相结合,注重培养学生的实际操作能力,每一章节都配有相应的操作流程和要求。

(3)先进性与前瞻性:本教材引入了现代铁路轨道施工测量的最新技术和方法,拓宽了学生的视野。

(4)图表丰富:本教材拥有大量图表,能帮助学生更直观地理解抽象概念,提高学习兴趣和效果。

本教材适用于高职高专院校土木工程、铁道工程、测绘工程等专业的学生,也可供从事铁路轨道施工、监理和维护工作的工程技术人员参考使用。

建议教师在教学过程中结合实际工程案例,引导学生进行讨论和分析,增强学生的实践能力和创新思维。同时,鼓励学生参与到实际的铁路轨道施工测量项目中,通过实际操作来巩固所学知识。

我们相信,通过本教材的学习,学生将能够掌握铁路轨道施工测量的核心技能,为未来的职业生涯打下坚实的基础。同时,我们也期待广大师生和工程技术人员对本教材提出宝贵的意见和建议,以便我们不断改进和完善。

最后,感谢所有参与编写、审校和支持本教材工作的人员,他们的辛勤工作使得本教材得以顺利完成。

本教材主要起草人:牟春龙、张振、崔恒、焦洋、于海涛、赵永锟。

第1~4章由牟春龙编写;第5~8章由张振编写;第9章、附录A由焦洋编写;附录B、附录C由于海涛编写;附录D、附录E由赵永锟编写;附录F由崔恒编写。

编　者

2024年9月

目录
Contents

第1章 铁路轨道施工测量基础 …………………………………………… (1)
  1.1 课程概述与学习目标 ………………………………………………… (1)
  1.2 铁路轨道施工测量的重要性 ………………………………………… (2)
  1.3 铁路轨道施工测量的主要内容 ……………………………………… (2)
  1.4 铁路轨道施工测量的设备与工具 …………………………………… (3)
  1.5 铁路轨道施工测量的发展趋势 ……………………………………… (4)
  1.6 课程小结 ……………………………………………………………… (5)

第2章 轨道控制网(CPⅢ)测设 ………………………………………… (6)
  2.1 实训目的与要求 ……………………………………………………… (6)
  2.2 轨道控制网(CPⅢ)测设实施 ………………………………………… (7)

第3章 CRTSⅢ型板式无砟轨道施工精调作业 ………………………… (12)
  3.1 实训目的与要求 ……………………………………………………… (12)
  3.2 精调作业流程 ………………………………………………………… (13)
  3.3 操作规程 ……………………………………………………………… (15)

第4章 CRTSⅡ型板式无砟轨道施工精调作业 ………………………… (30)
  4.1 实训目的和要求 ……………………………………………………… (30)
  4.2 精调作业流程 ………………………………………………………… (31)
  4.3 操作规程 ……………………………………………………………… (33)

第 5 章 CRTS Ⅰ 型双块式无砟轨道施工精调作业 .... (41)

5.1　实训目的和要求 .... (41)
5.2　精调作业流程 .... (42)
5.3　操作规程 .... (43)

第 6 章 CRTS Ⅱ 型双块式无砟轨道施工精调作业 .... (48)

6.1　实训目的和要求 .... (48)
6.2　精调作业流程 .... (49)
6.3　操作规程 .... (50)

第 7 章 长枕埋入式无砟道岔施工精调作业 .... (58)

7.1　实训目的和要求 .... (58)
7.2　精调作业流程 .... (59)
7.3　操作规程 .... (60)

第 8 章 板式无砟道岔施工精调作业 .... (69)

8.1　实训目的和要求 .... (69)
8.2　精调作业流程 .... (70)
8.3　操作规程 .... (71)

第 9 章 钢轨伸缩调节器施工精调作业 .... (78)

9.1　实训目的和要求 .... (78)
9.2　精调作业流程 .... (79)
9.3　操作规程 .... (80)

附录 A 二等水准引测上桥实施方法 .... (85)

A.1　竖向测距高程传递法 .... (85)
A.2　对向三角高程测量法 .... (87)
A.3　旁向三角高程测量法 .... (89)
A.4　不量仪器高和棱镜高的中间设站三角高程测量法 .... (91)

附录 B CRTS Ⅰ 型轨道板及钢模检测 .... (93)

B.1　轨道板检测 .... (93)
B.2　钢模检测方法 .... (95)

附录 C 轨道板防上浮侧移的措施 .... (96)

C.1　防上浮侧移措施 .... (96)
C.2　作业流程 .... (97)

附录 D　CRTSⅠ型轨道板精调作业的测量装置 ……………………… (99)
　D.1　自定心螺栓孔适配器 ……………………………………………… (99)
　D.2　T形测量标架 ……………………………………………………… (100)

附录 E　道岔精调作业 ……………………………………………………… (102)
　E.1　道岔线形测量 ……………………………………………………… (102)
　E.2　数据评估及调整量计算 …………………………………………… (102)
　E.3　道岔精调 …………………………………………………………… (103)
　E.4　轨道内部几何状态检查及调整 …………………………………… (104)
　E.5　道岔轨道长波平顺性调整 ………………………………………… (104)

附录 F　钢轨伸缩调节器精调 ……………………………………………… (105)
　F.1　钢轨伸缩调节器一次精调 ………………………………………… (105)
　F.2　钢轨伸缩调节器二次精调 ………………………………………… (106)
　F.3　钢轨伸缩调节器精调要求 ………………………………………… (106)

第 1 章　铁路轨道施工测量基础

1.1　课程概述与学习目标

1.1.1　课程概述

随着高速铁路技术的快速发展，铁路轨道施工测量已成为确保铁路安全、高效运行的关键技术之一。本课程旨在为高职高专学生提供一个涵盖从基础测量理论到高级应用技术的各个方面的，全面且系统的铁路轨道施工测量知识体系。

1.1.2　学习目标

通过本课程的学习，学生将能够达到以下学习目标。
(1) 掌握铁路轨道施工测量的基本原理和方法。
(2) 熟悉铁路轨道施工测量的主要设备和工具。

(3)理解铁路轨道施工测量在高速铁路建设中的重要性。
(4)学会运用测量数据进行轨道施工的质量和安全控制。
(5)培养解决铁路轨道施工测量中实际问题的能力。

1.2　铁路轨道施工测量的重要性

1.2.1　确保轨道精度

铁路轨道施工测量是确保轨道几何精度符合设计要求和安全标准的基础。测量数据对于保证轨道的平顺性、稳定性,确保轨道精度至关重要。

1.2.2　提高施工效率

精确的铁路轨道施工测量可以有效减少施工过程中的误差,提高施工效率,缩短工期,降低成本。

1.2.3　保障列车运行安全

准确的铁路轨道施工测量是预防列车脱轨、侧翻等安全事故的重要手段,对于保障列车运行安全具有不可替代的作用。

1.3　铁路轨道施工测量的主要内容

1.3.1　控制测量

控制测量是铁路轨道施工测量的基础,其内容包括平面控制网和高程控制网的建立,它可以为后续的施工测量提供基准。

1.3.2 施工放样

施工放样是将设计图纸上的轨道位置准确地定位到施工现场的过程,包括轨道中心线的放样、轨道标高的放样以及相关构造物的位置的放样。

1.3.3 轨道几何状态检测

轨道几何状态检测是对已铺设轨道的几何形状进行测量,其检测内容包括轨距、水平、高低、方向等项目,以评估轨道的几何状态是否满足运行要求。

1.3.4 施工测量数据管理

施工测量数据管理涉及数据的采集、处理、存储和分析,是确保测量数据准确性和可用性的关键环节。

1.4 铁路轨道施工测量的设备与工具

1.4.1 全站仪

全站仪是铁路轨道施工测量中常用的高精度测量设备,能够进行角度和距离的测量,用于控制网的建立和施工放样。

1.4.2 电子水准仪

电子水准仪用于高程控制测量,它能够提供精确的高程数据,保证轨道的高程精度。

1.4.3 测量机器人

测量机器人是一种自动化的测量设备,能够进行连续的轨道几何状态检测,提高测量效率和精度。

1.4.4 其他辅助工具

其他辅助工具包括钢尺、水准尺、测钉、棱镜等,这些工具在施工测量中起到辅助定位和标记的作用。

1.5 铁路轨道施工测量的发展趋势

随着科技的进步,铁路轨道施工测量正朝着自动化、智能化、信息化的方向发展。现代测量技术如 GPS、GIS、无人机测绘等逐渐被应用于铁路轨道施工测量中,提高了测量的效率和精度,为铁路建设提供了更加可靠的技术支持。

1.5.1 自动化测量

自动化测量技术的应用,如自动化全站仪和测量机器人的应用,能够减少人为误差,提高测量的准确性和效率。

1.5.2 智能化数据处理

智能化数据处理技术,如大数据分析和人工智能算法,能够对海量的测量数据进行快速处理和分析,为施工决策提供科学依据。

1.5.3 信息化管理

信息化管理技术的应用,如 BIM 技术和信息化施工管理系统,能够实现施工测量数据的集成管理和共享,提高施工管理的效率和质量。

1.6 课程小结

铁路轨道施工测量是铁路工程建设的重要组成部分,对于确保铁路的安全性、舒适性和经济性具有重要意义。本教材将围绕铁路轨道施工测量的基本理论、关键技术和实践应用进行深入讲解,帮助学生建立完整的知识体系,为未来的职业生涯打下坚实的基础。

第 2 章 轨道控制网（CPⅢ）测设

2.1 实训目的与要求

2.1.1 实训目的

(1)掌握CPⅢ布设原则和要求：通过实训，学生能够理解和掌握CPⅢ布设的基本原则和要求，包括布设位置、间距和安装高度等。

(2)学习CPⅢ目标组件的质量控制方法：使学生了解并掌握CPⅢ目标组件的质量要求和控制方法，包括棱镜的检测报告要求和坐标分量较差的控制方法。

(3)理解CPⅢ控制点预埋件的通用性和统一性：让学生认识到CPⅢ控制点预埋件的通用性和统一性对于轨道控制网测设的重要性。

(4)掌握CPⅢ观测的最佳条件：通过实训，学生能够识别并选择最佳的观测条件，以提高测量的准确性和可靠性。

(5)学习CPⅢ测量技术:使学生掌握CPⅢ平面控制网和高程控制网的测量技术,包括测量方法、仪器要求和观测规定。

(6)培养数据处理能力:通过实训,学生能够熟练进行数据采集、处理和评估以及平差计算。

2.1.2 实训要求

(1)熟悉规范要求:学生应熟悉并理解CPⅢ布设和测量的相关规范要求,以确保操作符合标准。

(2)操作规范:在实训过程中,学生应严格按照操作规程进行,确保测量数据的准确性和可靠性。

(3)数据记录与分析:学生需要详细记录实训过程中的所有测量数据和观测条件,以便于后续的数据处理和分析。

(4)安全意识:在进行CPⅢ测设实训时,学生必须遵守安全操作规程,确保实训过程中的人身和设备安全。

(5)团队合作:鼓励学生在实训中进行团队合作,明确分工,相互协助,共同完成CPⅢ测设任务。

(6)实训报告撰写:实训结束后,学生应撰写详细的实训报告,实训报告应包括实训目的、方法、数据记录、分析和结论。

(7)质量控制实践:学生应学会如何对CPⅢ测量数据进行质量控制,包括数据的筛选、评估和处理,确保测量结果的准确性。

2.2 轨道控制网(CPⅢ)测设实施

2.2.1 一般规定

CPⅢ布设应符合下列规定。

(1)沿线路两侧成对分布。

(2)纵向间距宜为 50～70 m。

(3)安装高度宜高于外轨顶面 30 cm。

(4)布设在桥上时应设于固定支座端。

CPⅢ目标组件的质量应满足下列要求。

(1)每个棱镜均需提供各向异性和棱镜加常数的检测报告。

(2)重复设置或互换棱镜后坐标分量较差不得大于 0.3 mm。

(3)所有棱镜加常数互差不得大于 0.2 mm。

CPⅢ点的预埋件宜通用、统一。

CPⅢ观测应避免在气温变化剧烈、阳光直射、大风或能见度低等恶劣气候条件下进行，宜选择在气象条件稳定的时段(如日落两小时后、日出前以及阴天无风时)进行；测距应进行气象改正。

2.2.2 平面控制网测量

轨道控制网平面控制测量应采用自由设站边角交会法进行，控制网的主要技术指标应满足表 2.1 的要求。

表 2.1 CPⅢ平面控制网的主要技术指标

控制网级别	测量方法	方向观测中误差限值	距离测量中误差限值	同精度测量限差	相对点位精度
CPⅢ	自由设站边角交会	±1.8″	±1.0 mm	3 mm	±1 mm

注：①同精度测量限差指控制点两次测量，其 X、Y 方向坐标差的限差。

②相对点位精度指的是相邻两点间相对点位误差椭圆长短轴平方和的平方根。

轨道控制网平面控制测量应使用具有自动跟踪功能的全站仪。仪器水平角测量方向中误差不应大于 1″，距离测量中误差不应大于 $(1+2D×10-6)$ mm(D 为测距)。

轨道控制网平面控制测量应符合下列规定。

(1)自由设站间距宜为 120 m，每一测站应前后各观测 3 对 CPⅢ控制点，下一测站至少重复观测上一测站的 3 对 CPⅢ控制点，每个 CPⅢ控制点至少应在 3 个自由设站点上被观测过。

(2)当设站间距为 60 m 时，每一测站应前后各观测 2 对 CPⅢ控制点，下一测站应至少重复观测上一测站的 2 对 CPⅢ控制点，每个 CPⅢ控制点至少应在 4 个自由设站点上被观测过。

(3)测量 CPⅢ控制点时，每隔 500～800 m 应与 CPⅠ控制点或 CPⅡ控制点联测，当 CPⅠ控制点或 CPⅡ控制点密度不能满足要求时，应加密 CPⅡ控制点。

(4)CPⅠ控制点或 CPⅡ控制点应至少在 2 个测站上进行联测，联测长度宜在 200 m 以内,最长不应超过 300 m。当受观测条件限制,只能有 1 个测站点和 CPⅠ控制点或 CPⅡ控制点通视时,应设置辅助点。

自由设站水平角测量应采用全圆方向观测法,并满足表 2.2 的要求。

表 2.2 方向测量法水平角测量精度表

仪器等级	测回数	半测回归零差/(″)	一测回内 2C 互差/(″)	同一方向值各测回互差/(″)
DJ05	3	6	9	6
DJ1	4	9	9	6

注:①半测回归零差指盘左或盘右半测回中两次瞄准起始目标的读数差。
②一测回内 2C 互差指一测回内,盘左角值和盘右角值的差。

数据采集应在程序控制下全自动完成,数据采集软件应能对观测数据质量进行有效控制。

轨道控制网可分区段分别进行观测和平差计算,区段长度不宜低于 4 km。每一区段两端应起止在上一级控制点上,且应有连续的 3 个自由测站与上一级控制网点联测。

轨道控制网应采用固定数据平差,并附合在 CPⅠ控制点或 CPⅡ控制点上。分段附合时,相邻段重叠长度应大于 300 m。

平差软件应经相关主管部门正式评审鉴定。

CPⅢ平面控制网平差后的主要技术要求应符合表 2.3 的规定。

表 2.3 CPⅢ平面控制网平差后的主要技术要求

控制网名称	与 CPⅠ、CPⅡ控制点联测		与 CPⅢ控制点联测		距离中误差限值	点位中误差限值
	方向改正数限值	距离改正数限值	方向改正数限值	距离改正数限值		
CPⅢ平面控制网	5.4″	4 mm	3.6″	2 mm	1 mm	2 mm

2.2.3 高程控制网测量

轨道控制网高程控制测量的主要技术指标应满足表 2.4 的要求。

表 2.4 CPⅢ高程控制网的主要技术指标

控制网级别	测量方法	测量精度等级	M_Δ 限值	M_W 限值
CPⅢ	水准测量	精密水准	±2 mm	±4 mm

注:①M_Δ 为根据水准测段往返测高差不符值 Δ 计算的每千米水准测量的高差偶然中误差。
②M_W 为根据闭合环闭合差 W 计算的每千米水准测量的高差全中误差。

轨道控制网高程控制测量外业观测应符合下列规定。

(1)水准测量使用的水准仪等级不应低于 DS1 级,水准尺应为铟瓦水准尺。水准测量应起闭于线路水准基点。

(2)高程测量应分区段进行,区段划分与平面测量一致。每一区段联测的线路水准点不应少于 3 个。

(3)水准测量外业观测的主要技术标准和技术要求应分别满足表 2.5 和表 2.6 的规定。

表 2.5 水准测量外业观测的主要技术标准

等级	每千米高差全中误差限值/mm	路线长度/km	水准仪等级	水准尺类型	观测方法和次数		测段往返较差或闭合差/mm
					与已知点联测	附合或环线	
精密水准	4	L	DS05	铟瓦	往返	往返	$8\sqrt{L}$
			DS1				

表 2.6 水准测量外业观测的主要技术要求

等级	水准仪等级	水准尺类型	视距长度/m	视线高度/m	前后视距差/m	测段前后视距累积差/m	基辅读数较差/mm	基辅高差较差/mm
精密水准	DS05	铟瓦	≤65	下丝读数≥0.3	≤2.0	≤4.0	≤0.5	≤0.7
	DS1		≤60					

(4)水准测量中应避免阳光直接照射仪器,扶尺时应使用尺撑,使水准尺的气泡居中以确保水准尺竖直。

水准测量作业结束后,应根据测段往返测高差不符值,计算每千米水准测量偶然中误差 M_Δ,并应符合表 2.4 的规定。

当地面二等水准点高程无法直接传递到桥面的 CPⅢ 控制点上时,应选择桥面与地面间高差较小的地方,按附录 B 规定的方法将二等水准引测上桥。

2.2.4 测量成果整理与评估

CPⅢ 平面控制网的平差计算取位应符合表 2.7 的规定。

表 2.7 CPⅢ 平面控制网的平差计算取位

控制网名称	水平方向观测值取位要求/(″)	水平距离观测值取位要求/mm	方向改正数取位要求/(″)	距离改正数取位要求/mm	点位中误差取位要求/mm	点位坐标取位要求/mm
CPⅢ 平面控制网	0.1	0.1	0.01	0.01	0.01	0.1

CPⅢ平面控制网测量成果资料应包括以下资料。

(1)技术方案设计书。

(2)平面控制网联测示意图。

(3)外业观测的原始数据文件电子文本。

(4)平面控制网平差计算手簿。

(5)平面控制网坐标成果表。

(6)仪器检定资料。

(7)测量技术总结报告。

CPⅢ高程控制网测量成果资料应包括以下资料。

(1)技术方案设计书。

(2)水准路线示意图。

(3)外业观测的原始数据文件电子文本。

(4)测段高差统计表。

(5)水准路线闭合差统计表。

(6)CPⅢ控制点高程平差成果表。

(7)水准仪和水准尺的检定资料。

测量成果评估应符合现行相关标准的规定。

第 3 章 CRTSⅢ型板式无砟轨道施工精调作业

3.1 实训目的与要求

3.1.1 实训目的

(1)理解 CRTSⅢ型板式无砟轨道的重要性:使学生了解 CRTSⅢ型板式无砟轨道在高速铁路中的作用和重要性,以及其对铁路运行安全和效率的影响。

(2)掌握 CRTSⅢ型板式无砟轨道施工精调技术原理:通过理论学习与实践操作,学生可以掌握 CRTSⅢ型板式无砟轨道施工精调的基本原理和技术要求。

(3)培养实际操作能力:通过实训操作,学生可以培养 CRTSⅢ型板式无砟轨道施工精调实际操作能力,包括测量、调整和检测等技能。

(4)学习质量控制流程:让学生熟悉并实践 CRTSⅢ型板式无砟轨道施工过程中的质量控制流程,确保施工质量满足国家标准和行业规范。

(5)提升问题解决能力:在实训过程中,培养学生分析问题和解决问题的能力,特别是掌握在面对施工误差和调整难题时可采取的应对策略。

(6)熟悉专业软件应用:指导学生使用专业软件进行CRTSⅢ型轨道板精调的模拟和数据处理,提高学生对现代铁路检测技术的适应能力。

3.1.2 实训要求

(1)理论知识准备:学生在进入实训场地前应充分理解CRTSⅢ型板式无砟轨道的构造、性能以及施工精调的相关理论知识。

(2)安全意识:在实训过程中,学生必须遵守安全操作规程,正确使用各种测量和调整工具。

(3)操作规范:学生应严格按照本书中的操作流程进行操作,确保每一步操作的准确性和可重复性。

(4)数据记录与分析:在实训过程中,学生需要认真记录每项测量数据和调整参数,以便于后续的数据分析和误差分析。

(5)团队合作:鼓励学生在实训中进行团队合作,分工明确,相互协助,共同完成精调任务。

(6)结果分析:实训结束后,学生应能够对结果进行分析,评估精调效果,并提出可能的改进措施。

(7)实训报告撰写:学生需要撰写实训报告,详细记录实训过程、数据分析、问题及解决方案,并进行总结。

3.2 精调作业流程

CRTSⅢ型板式无砟轨道施工精调作业流程如图3.1所示。在流程图中,实框为精调作业工序,虚框为其他施工工序,后续流程图中虚框和实框的含义均与此处相同。

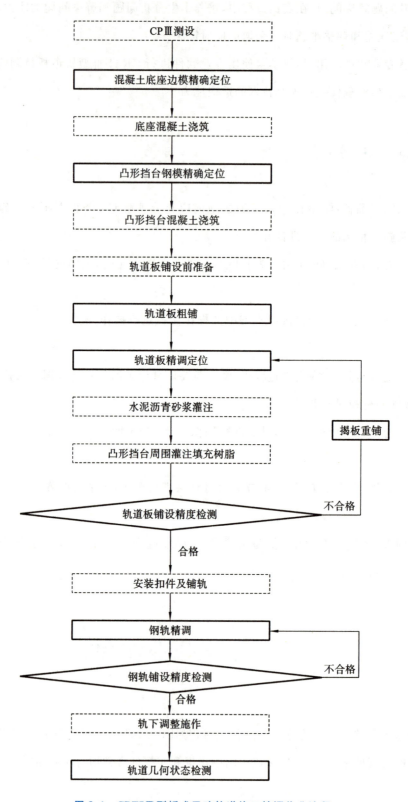

图 3.1　CRTSⅢ型板式无砟轨道施工精调作业流程

3.3 操作规程

3.3.1 钢模检测

(1) 钢模检测的重要性。

钢模是轨道板生产过程中的重要工具,其精度直接影响到轨道板的几何尺寸和质量。钢模检测是确保轨道板质量的关键步骤。

(2) 钢模检测流程。

钢模检测时,应在钢模的螺栓桩上插入螺栓桩检测套筒,上面再安放棱镜。其检测步骤与轨道板检测步骤相同。

轨道板钢模的检查应符合下列规定。

①对钢模应实行例行和定期检查,并记录于钢模检查表中。

②钢模例行检查应在制板前进行,其内容包括外观、平面度。

③钢模定期检查每半月进行一次,其内容包括长度、宽度、厚度和平面度、螺栓桩位置相互关系。

钢模检查表如表 3.1 所示。

表 3.1 钢模检查表

项目编号:　　　　　　　　　　　　　　　检查日期:
钢模编号:　　　　　　　　　　　　　　　检查人员:

序号	检查项目	允许偏差	实际测量值	偏差值	是否合格	备注
1	长度/mm	−1.5～1.5				
2	宽度/mm	−1.5～1.5				
3	厚度/mm	0～1.5				
4	保持轨距的两螺栓桩中心距/mm	−0.75～0.75				
5	板中心线螺栓桩的中心距/mm	−0.5～0.5				

续表

序号	检查项目	允许偏差	实际测量值	偏差值	是否合格	备注
6	保持同一铁垫板位置的两相邻螺栓桩中心距/mm	−0.5～0.5				
7	半圆缺口部位直径/mm	−1.5～1.5				
8	平整度:轨道板四角承轨面水平/mm	−0.5～0.5				
9	平整度:单侧承轨面中央翘曲量/mm	≤1.5				
10	预埋套管位置/mm	−0.5～0.5				
11	预埋套管垂直度/(°)	≤0.5				

检查结论： 　　　　　　　　　　检查人员签字：

处理措施： 　　　　　　　　　　审核人签字：

复检日期： 　　　　　　　　　　批准人签字：

检查单位：

(3)CRTSⅢ型轨道板钢模几何尺寸允许偏差。

CRTSⅢ型轨道板钢模的几何尺寸偏差应严格控制在规定的范围内,以保证轨道板的生产质量。CRTSⅢ型轨道板钢模几何尺寸允许偏差如表 3.1"允许偏差"栏所示。

3.3.2　CRTSⅢ型轨道板检测

(1)检测步骤。

①在每排螺孔中插入安放了棱镜的自定心螺栓孔适配器,并将 T 形测量标架放置到位。

②用全站仪依次测量适配器上的棱镜和 2 个 T 形测量标架上的 6 只棱镜,得到三维坐标。

③依次观测每排螺栓孔上的棱镜。

④将检测数据导入处理软件,计算分析螺栓孔顶面的共面性和共线性及螺栓孔的对称性、平行性和直线性。

⑤获得每块轨道板的检测结果,如图 3.2～图 3.4 所示。

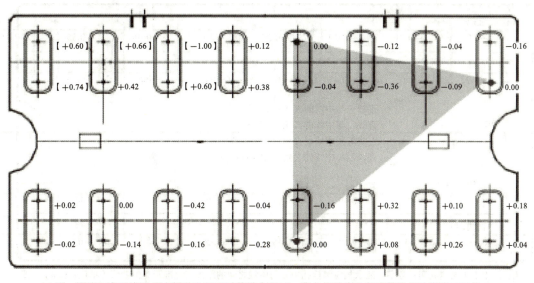

注：阴影三角形表示所有螺栓孔顶面最佳拟合平面。其余各螺栓孔旁的数字表示其顶面距离上述平面的垂直距离（单位：mm）；方括号内的数字表示超限值（单位：mm）。

图 3.2　螺栓孔顶面共面性分析结果

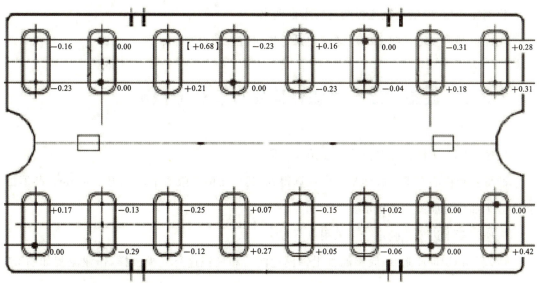

注：每个螺栓孔中若出现两个粗点，表明该螺栓孔对应的方向为最佳拟合直线的方向。其余各点旁的数字表示该点偏离直线的垂距（单位：mm），从仪器放置点方向面对轨道板左负右正。方括号内的数字表示超限值（单位：mm）。

图 3.3　螺栓孔顶面共线性分析结果

⑥每批次生产的轨道板应进行全面检测。检测内容为平整度、螺栓孔的相对位置。

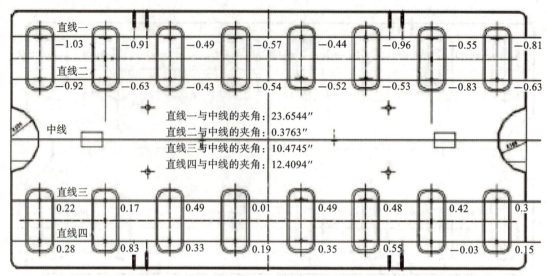

注：图中上下两侧共四行数字，表示相应螺栓孔中心与中线之间的距离与标准距离的差值（单位：mm），螺栓孔中心与中线之间的距离大于标准值为正，小于标准值为负。中间文字用于说明四列螺栓孔形成的直线与中线的夹角（单位：″）。

图 3.4　螺栓孔对称性分析结果

(2)轨道板质量检测记录。

检测完成后，应出具轨道板制造技术证明书。

轨道板制造技术证明书中应详细记录每块轨道板的检测结果。

3.3.3　底座混凝土边模精确定位及外形检测

底座混凝土边模精确定位流程如图 3.5 所示。

凸形挡台中心点平面放样坐标由计算得到，其平面偏差限值不应大于±5 mm。凸形挡台中心平面位置如图 3.6 所示。

底座混凝土边模精确定位可采用以下方法。

(1)利用 CPⅢ控制点、底座混凝土钢模适配器和棱镜进行立模放样，作业流程如图 3.7 所示。

(2)利用 CPⅢ控制点进行立模放样，平面采用坐标法，高程采用水准测量法，作业流程如图 3.8 所示。

用于底座混凝土边模精确定位的主要设备见表 3.2 和表 3.3。

图 3.5　底座混凝土边模精确定位流程

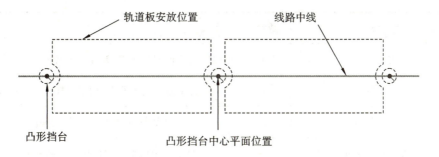

图 3.6　凸形挡台中心平面位置示意图

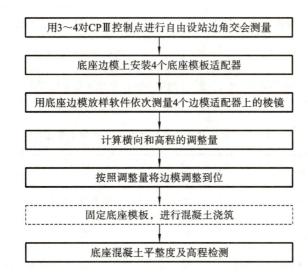

图 3.7　采用底座混凝土钢模适配器进行立模放样的作业流程图

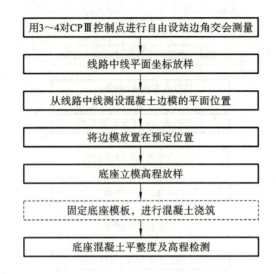

图 3.8 采用平面坐标和水准高程立模放样的作业流程图

表 3.2 钢模适配器法立模放样的主要设备表

序号	设备	数量	用途
1	边模适配器	4 个	与边模定位板相互连接,放置用于底座边模放样的棱镜
2	棱镜	4 只	置于边模适配器上,用于放样点坐标测设
3	全站仪	1 台	用于测量边模的横向位置和高程
4	无线信息显示器	4 台	显示各个调整工位的横向和高程调整量
5	气象量测仪器	1 套	用于测距时温度、气压改正
6	CPⅢ目标棱镜	8 只	作为全站仪自由设站边角交会的目标
7	底座混凝土找平尺	1 把	用于浇筑后底座混凝土断面的检测
8	混凝土底座边模精调软件	1 套	能够实时计算出混凝土底座边模的横向和高程的调整量

表 3.3 平面坐标和水准高程法立模放样的主要设备表

序号	设备	数量	用途
1	棱镜三脚座	1 个	用于固定放样中线点坐标测设棱镜
2	全站仪	1 台	测设线路中桩点平面坐标
3	电子水准仪和条码铟瓦水准尺	1 套	测量边模高程

续表

序号	设备	数量	用途
4	CPⅢ目标棱镜	8只	作为全站仪自由设站边角交会的目标
5	底座混凝土找平尺	1把	用于浇筑后底座混凝土断面的检测

底座混凝土浇筑后,应采用专用的检测工具对底座混凝土进行平整度及高程检测。

全站仪设站应符合下列规定。

(1)测站宜设在线路中线附近、两对CPⅢ控制点之间。

(2)每一测站观测的CPⅢ控制点数量为3～4对。

(3)设站点的三维坐标分量偏差不应大于0.5 mm。

(4)测量气象条件应符合本书2.2.1节的规定。

(5)每次设站放样距离不应大于80 m。

底座混凝土边模精确定位的允许偏差应符合表3.4的规定。

表3.4 底座混凝土边模精确定位的允许偏差及检验数量

项次	项目	允许偏差/mm	检验数量
1	顶面高程	−3～0	每5 m检查1处
2	宽度	−3～3	每5 m检查3处
3	中线位置	−2～2	每5 m检查3处
4	伸缩缝位置	0～5	每条伸缩缝检查1次

底座混凝土外形尺寸检测应符合表3.5的规定。

表3.5 底座混凝土外形尺寸允许偏差及检验数量

项次	项目	允许偏差/mm	检验数量
1	顶面高程	−5～0	每5 m检查1处
2	宽度	−5～5	
3	中线位置	0～3	
4	平整度	0～10(每3 m)	

3.3.4 凸形挡台精确定位

凸形挡台精确定位流程如图 3.9 所示。

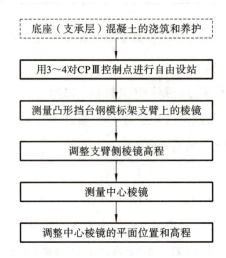

图 3.9　凸形挡台精确定位流程图

凸形挡台钢模精确定位的主要设备见表 3.6。

表 3.6　凸形挡台钢模精确定位的主要设备表

序号	设备	数量	用途
1	凸形挡台钢模标架	1个	与凸形挡台钢模适配的测量标架
2	棱镜	2只	放置在凸形挡台钢模标架上,测量凸形挡台中心和边缘位置
3	全站仪	1台	用于凸形挡台平面位置、高程和水平(超高)坐标测设
4	CPⅢ目标棱镜	8只	作为全站仪自由设站边角交会的目标
5	凸形挡台钢模精调软件	1套	进行凸形挡台平面位置、高程和水平(超高)放样

凸形挡台钢模精确定位应遵循以下步骤。

(1)全站仪在线路一侧设站,安放凸形挡台钢模标架和棱镜。

(2)测量钢模标架支臂上的棱镜,获取凸形挡台超高调整量,调整凸形挡台钢模超高。

(3)测量标架中心棱镜,获取凸形挡台中心的平面和高程调整量,调整凸形挡台钢模。

(4)重复(2)、(3)步骤,直至凸形挡台钢模允许偏差符合要求。

凸形挡台钢模精确定位应符合下列规定。

(1)全站仪设站应符合相关规定。

(2)每次设站放样距离不应大于60 m。

(3)凸形挡台施工可考虑安装轨道板防上浮侧移装置。

凸形挡台钢模精确放样的允许偏差应符合表3.7的规定。

表3.7 凸形挡台钢模精确放样的允许偏差

序号	检验项目	允许偏差/mm
1	中线位置	0～2
2	中心间距	−2～2
3	顶面高程	0～20

3.3.5 CRTSⅢ型轨道板精调作业

CRTSⅢ型轨道板精调作业流程如图3.10所示。

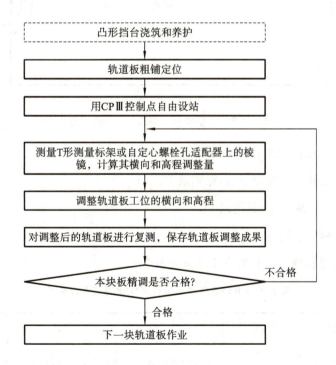

图3.10 CRTSⅢ型轨道板精调作业流程

CRTSⅢ型轨道板粗铺定位主要设备见表3.8。

表 3.8　CRTSⅢ型轨道板粗铺定位的主要设备表

序号	设备	数量	用途
1	轨道板铺设门吊	1 台	吊装轨道板
2	轨道板粗铺定位架	2 副	保护凸形挡台,保证轨道板与凸形挡台之间的安放间距
3	支撑垫木	4 块	便于安装轨道板调整机具

CRTSⅢ型轨道板粗铺作业应符合下列规定。

(1)在两凸形挡台上放置轨道板粗铺定位架,保证轨道板与两凸形挡台之间的距离相同。轨道板与凸形挡台的间隙不得小于 30 mm。

(2)轨道板吊放作业时,轨道板与凸形挡台前后的调整间距差应小于或等于 5 mm。CRTSⅢ型轨道板与凸形挡台的位置关系如图 3.11 所示。

图 3.11　CRTSⅢ型轨道板与凸形挡台的位置关系

CRTSⅢ型轨道板精调作业宜采用以下方法。

(1)自定心螺栓孔适配器测量法,见附录 D。

(2)T 形测量标架测量法,见附录 D。

(3)螺栓孔速测标架测量法。

CRTSⅢ型轨道板精调作业的主要设备见表 3.9。

表 3.9　CRTSⅢ型轨道板精调作业的主要设备表

序号	设备	数量	用途
1	自定心螺栓孔适配器	4 只	放置位置代表整块轨道板的空间状态,并可安放反射棱镜,作为全站仪的测量目标。根据轨道板定位测量方法,可从三种设备中选其一
	T 形测量标架	2 副	
	螺栓孔速调标架	2 副	

续表

序号	设备	数量	用途
2	棱镜	4只	安放在测量机械装置上,用于全站仪测量
3	无线信息显示器	4个	显示4个调整工位的横向和高程调整量
4	测控计算机	1台	是运行轨道板精调作业软件的计算机设备,操控并完成轨道板测量
5	气象传感器	1只	用于测距时气象改正
6	全站仪	1台	用于4只棱镜的坐标测量
7	CPⅢ目标棱镜	8只	作为全站仪自由设站边角交会的目标
8	轨道板调整机具	4套	用于轨道板横向和高程调整的机械装置

CRTSⅢ型轨道板精调作业应遵循以下步骤。

(1)将表3.9中序号1对应的测量装置放置于轨道板的固定位置上。

(2)用已设程序控制的全站仪测量放置在适配器或标架上的4只棱镜,获取4个位置的调整量。

(3)按照4个显示器上的调整量,用轨道板调整机具作相应调整。

(4)重复精调作业步骤(2)和(3),直至满足轨道板铺设允许偏差的要求。

CRTSⅢ型轨道板精调作业应符合下列规定。

(1)全站仪设站应符合相关规定。

(2)轨道板调整机具应具有横向和高程的精确调整功能。

(3)轨道板精确定位的测量方向为单向后退,一个测站内的全站仪与轨道板之间的测量距离宜为5~30 m。

(4)砂浆灌注时应安装和使用轨道板防上浮侧移专用机具,方法之一参见附录C。

(5)轨道板精调后应采取防护措施,严禁踩踏和撞击轨道板,并及时灌注砂浆。轨道板放置时间过长,或环境温度变化超过10 ℃,或受到使轨道板位置发生变化的外部条件影响时,必须进行复测和必要的调整,确认满足要求后,方能灌注砂浆。

CRTSⅢ型轨道板铺设精度检测应符合下列规定。

(1)轨道板平面位置检测应采用CPⅢ自由设站坐标测量,高程宜采用精密水准测量。

(2)轨道板铺设精度检测的主要设备见表3.10。

表 3.10　CRTSⅢ型轨道板铺设精度检测的主要设备表

序号	设备	数量	用途
1	自定心螺栓孔适配器	4 只	测量板两端实际板中心与设计中线的偏差。三种设备选其一
1	T 形测量标架	2 副	测量板两端实际板中心与设计中线的偏差。三种设备选其一
1	螺栓孔速调标架	2 副	测量板两端实际板中心与设计中线的偏差。三种设备选其一
2	全站仪	1 台	测量检测点的平面坐标
3	电子水准仪和条码钢瓦水准尺	1 套	测量检测点的高程
4	专用轨道板水准尺垫	1 个	放置水准尺以检测高程
5	CPⅢ目标棱镜	8 只	作为全站仪自由设站边角交会的目标

（3）测量4个螺栓孔或中线V形槽上的棱镜坐标，计算板中心与设计中线的平面横向位置偏差。

（4）测量4个螺栓孔或V形槽所在承轨面的高程，计算设计高程与实际高程的高差。

CRTSⅢ型轨道板铺设的允许偏差应符合表 3.11 的规定。

表 3.11　CRTSⅢ型轨道板铺设的允许偏差及检验数量

序号	项目	允许偏差/mm	检验数量
1	中线位置	0～2	每板检查2处（两端）
2	支撑点处承轨面高程	−1～1	全部检查
3	与两端凸形挡台间隙之差	−5～5	全部检查
4	相邻轨道板接缝处承轨台相对横向偏差	−2～2	5块板检查1处
5	相邻轨道板接缝处承轨台相对高差	−2～2	5块板检查1处

3.3.6　CRTSⅢ型板式无砟轨道钢轨精调作业

CRTSⅢ型板式无砟轨道钢轨精调作业流程如图 3.12 所示。

CRTSⅢ型板式无砟轨道钢轨精调作业的主要设备见表 3.12。

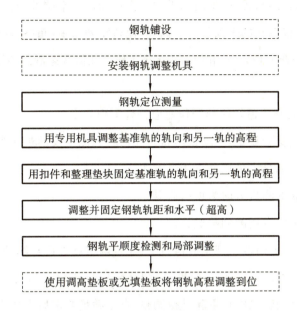

图 3.12 CRTSⅢ型板式无砟轨道钢轨精调作业流程

表 3.12 CRTSⅢ型板式无砟轨道钢轨精调作业的主要设备表

序号	设备	数量	用途
1	轨道几何状态测量仪	1套	对钢轨进行轨距、水平(超高)、绝对坐标的测量
2	气象量测仪器	1套	用于测距时温度、气压改正
3	全站仪	1台	对轨道几何状态测量仪上的棱镜进行坐标测量
4	CPⅢ目标棱镜	8只	作为全站仪自由设站边角交会的目标
5	钢轨调整支架	1套	调整左右钢轨的横向和高程位置
6	钢轨整理垫块	若干	垫于钢轨下面,用于固定钢轨高程和横向位置及轨底坡

CRTSⅢ型板式无砟轨道钢轨精调作业的轨向基本轨,曲线地段以外轨为准,直线地段以大里程方向下一个曲线地段的外轨为准。相对于轨向基本轨的另一轨为高低基本轨。

CRTSⅢ型板式无砟轨道钢轨精调作业应遵循以下步骤。

(1)将轨道几何状态测量仪置于待调轨道上,启动测量程序。

(2)用程序控制全站仪,测量轨道几何状态测量仪上的棱镜,获得轨道几何状态数据。

(3)通过对轨道几何状态数据的分析和合理的试算,得到每个扣件支点位置的调整量。

(4)依据试算结果,对每个扣件支点位置进行逐点调整,调整时应先调整轨向基本轨的平面位置和高低基本轨的高程,确保轨向平顺性指标和高低平顺性指标合格;再调整与两根基本轨相对应的另一根钢轨的平面位置和高程,使轨距和水平(超高)达标。

(5)重复精调作业步骤(2)、(3)和(4),直至满足轨道几何状态静态检测精度及允许偏差的要求。

CRTSⅢ型板式无砟轨道钢轨精调作业应符合下列规定。

(1)全站仪设站应符合规定,全站仪与轨道几何状态测量仪的观测距离宜为5～60 m。

(2)轨道几何状态测量应采用静态测量方式。

(3)钢轨精调作业的测量方向为单向后退。

(4)钢轨调整宜采用专用的调整机具。

(5)换站后,应先对上站调整到位的最后1～3个调整点进行复测,同一点位的横向和高程的相对偏差均不应大于±2 mm。如果复测超限,应重新设站后再次复测。如果依然超限,须对换站前的所有钢轨调整点重新进行调整,直至满足要求后方能进行换站后的钢轨调整。对于小于±2 mm的偏差,应使用线性或函数方式进行换站搭接平顺修正,顺接长度应遵循每10 m变化不大于1 mm的原则。

3.3.7 CRTSⅢ型板式无砟轨道几何状态检测

轨道静态检测精度及允许偏差应符合下列规定。

(1)轨道静态平顺度允许偏差应符合表3.13的规定。

表3.13 轨道静态平顺度允许偏差及检验方法

序号	项目		平顺度允许偏差/mm	检测方法
1	轨距		−1～1	用轨道几何状态测量仪检测
2	高低	弦长 10 m	0～2(每 10 m)	
		弦长 30 m	0～2(每 5 m)	
		弦长 300 m	0～10(每 150 m)	
3	轨向	弦长 10 m	0～2(每 10 m)	
		弦长 30 m	0～2(每 5 m)	
		弦长 300 m	0～10(每 150 m)	
4	扭曲	基长 6.25 m	0～2	
5	水平		0～1	

(2)在满足轨道平顺度要求的情况下,轨面高程允许偏差为-6~4 min,紧靠站台为0~4 mm。检验数量:施工单位每1 km抽查2处,每处各抽查10个测点。检验方法:水准仪测量。

(3)轨道中线与设计中线允许偏差限值为10 mm;线间距允许偏差为0~10 mm。检验数量:施工单位每1 km抽查2处,每处各抽查10个测点。检验方法:轨道中线与设计中线偏差检验采用轨道几何状态测量仪;线间距检验采用尺。

竣工测量完成后,应提交下列成果资料。

(1)技术总结。技术总结包括执行标准、施测单位、施测日期、施测方法、使用仪器、精度评定和特殊情况处理等内容。

(2)施工测量的原始观测记录。

第 4 章 CRTS Ⅱ 型板式无砟轨道施工精调作业

4.1 实训目的和要求

4.1.1 实训目的

(1)理解 CRTS Ⅱ 型板式无砟轨道的重要性:使学生了解 CRTS Ⅱ 型板式无砟轨道在高速铁路中的作用和重要性,以及其对铁路运行安全和效率的影响。

(2)掌握 CRTS Ⅱ 型板式无砟轨道施工精调技术原理:通过理论学习与实践操作,学生可以掌握 CRTS Ⅱ 型板式无砟轨道施工精调的基本原理和技术要求。

(3)培养实际操作能力:通过实训操作,学生可以培养 CRTS Ⅱ 型板式无砟轨道施工精调实际操作能力,包括测量、调整和检测等技能。

(4)学习质量控制流程:让学生熟悉并实践 CRTS Ⅱ 型板式无砟轨道施工过程中的质量

控制流程,确保施工质量满足国家标准和行业规范。

(5)提升问题解决能力:在实训过程中,培养学生分析问题和解决问题的能力,特别是掌握在面对施工误差和调整难题时可采取的应对策略。

(6)熟悉专业软件应用:指导学生使用专业软件进行CRTSⅡ型轨道板精调的模拟和数据处理,提高学生对现代铁路检测技术的适应能力。

4.1.2 实训要求

(1)理论知识准备:学生在进入实训场地前应充分理解CRTSⅡ型板式无砟轨道的构造、性能以及施工精调的相关理论知识。

(2)安全意识:在实训过程中,学生必须遵守安全操作规程,正确使用各种测量和调整工具。

(3)操作规范:学生应严格按照本书中的操作流程进行操作,确保每一步操作的准确性和可重复性。

(4)数据记录与分析:在实训过程中,学生需要认真记录每项测量数据和调整参数,以便于后续的数据分析和误差分析。

(5)团队合作:鼓励学生在实训中进行团队合作,分工明确,相互协助,共同完成精调任务。

(6)结果分析:实训结束后,学生应能够对结果进行分析,评估精调效果,并提出可能的改进措施。

4.2 精调作业流程

CRTSⅡ型板式无砟轨道施工精调作业流程如图4.1所示。

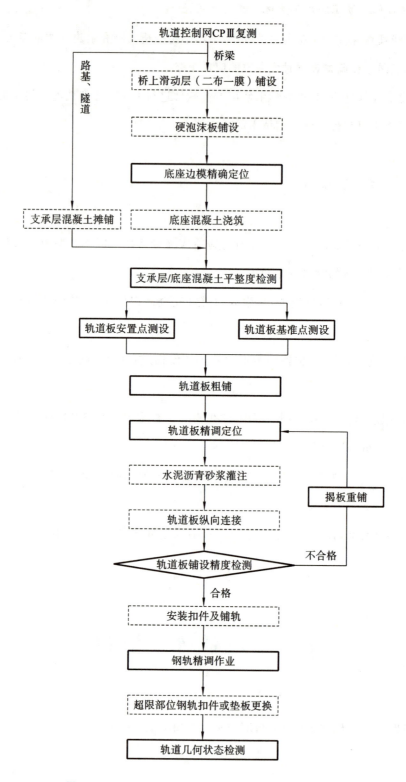

图 4.1　CRTSⅡ型板式无砟轨道施工精调作业流程图

4.3 操作规程

4.3.1 轨道板承轨台检测

检测打磨后的轨道板承轨台并做好记录,其精度应符合有关技术条件的要求。

4.3.2 底座(支承层)混凝土边模精确定位及外形检测

底座(支承层)混凝土边模精确定位作业流程如图4.2所示。

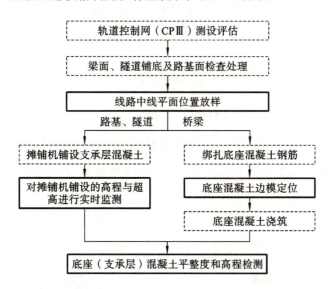

图 4.2 底座(支承层)混凝土边模精确定位作业流程图

底座混凝土边模的精确定位应符合本书第3章相关内容的规定。

支承层混凝土采用摊铺机摊铺时,应采用全站仪进行测控,摊铺精度应符合表4.1的规定。

表 4.1 摊铺精度的验收标准

项次	项目	允许偏差/mm	检验数量
1	顶面高程	－5～5	每5 m检查1处

续表

项次	项目	允许偏差/mm	检验数量
2	宽度	0~15	每 5 m 检查 3 处
3	中线位置	0~10	每 5 m 检查 3 处

4.3.3　CRTSⅡ型轨道板安置点与基准点测设

CRTSⅡ型轨道板安置点测设作业流程如图 4.3 所示。

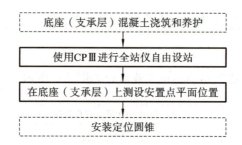

图 4.3　CRTSⅡ型轨道板安置点测设作业流程图

CRTSⅡ型轨道板安置点测设应符合下列规定。

(1)CRTSⅡ型轨道板安置点位于轨道板横接缝的中央、相应里程中心点的法线上,偏离轨道中线 0.10 m。曲线地段,安置点应置于轨道中线外侧;直线地段,安置点应置于线路中线同一侧。安置点的位置应以轨道中线为基准,垂直于钢轨顶面连线,投影到底座或支承层表面上,如图 4.4 所示。

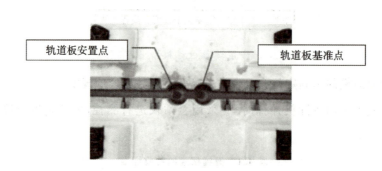

图 4.4　CRTSⅡ型轨道板安置点与基准点位置示意图

(2)CRTSⅡ型轨道板安置点测设的主要设备见表 4.2。

表 4.2　CRTS Ⅱ 型轨道板安置点测设的主要设备表

序号	设备	数量	用途
1	棱镜三脚座	1 个	用于安置点放样
2	全站仪	1 台	用于安置点坐标测设
3	CPⅢ目标棱镜	8 只	作为反射目标

(3)CRTS Ⅱ 型轨道板安置点测设时全站仪设站应符合相关规定。

(4)CRTS Ⅱ 型轨道板安置点平面位置允许偏差限值为 ±5 mm。

CRTS Ⅱ 型轨道板基准点测设应符合下列规定。

(1)CRTS Ⅱ 型轨道板基准点测设作业流程如图 4.5 所示。

图 4.5　CRTS Ⅱ 型轨道板基准点测设作业流程

(2)CRTS Ⅱ 型轨道板基准点测设的主要设备见表 4.3。

表 4.3　CRTS Ⅱ 型轨道板基准点测设的主要设备表

序号	设备	数量	用途
1	棱镜三脚座	1 个	用于基准点平面坐标测设
2	全站仪	1 台	测量被测点的平面坐标
3	电子水准仪和条码钢瓦水准尺	1 套	测量被测点的高程
4	水准尺适配器	1 个	放置水准尺
5	CPⅢ目标棱镜	8 只	作为全站仪自由设站边角交会的目标

(3)CRTS Ⅱ 型轨道板基准点测设应遵循以下步骤。

①在 2 对 CPⅢ控制点间设站,根据计算坐标测设轨道板基准点。

②在基准点位置埋设测钉。

③对基准点和 CPⅢ控制点进行多测回平面坐标联测。

④对基准点和 CPⅢ控制点进行精密高程坐标联测。

⑤对联测数据进行平差计算,获得基准点的三维坐标。

(4)CRTSⅡ型轨道板基准点测设应符合下列规定。

①基准点位于轨道板横接缝的中央,与安置点对称分布。

②全站仪设站应符合相关规定,每次设站测量距离不应大于 30 m。

③埋设测钉时,轨道板基准点平面位置允许偏差限值为±5 mm。

④依据 CPⅢ进行基准点联测,观测 3 个测回。

⑤基准点的高程测量应执行精密水准测量有关规定。

⑥换站时,应对上一测站的至少 5 个相邻基准点进行重复观测。

⑦对观测数据进行平差计算,平差后基准点之间的平面相对精度不应大于 0.2 mm,高程相对精度不应大于 0.1 mm。

4.3.4 CRTSⅡ型轨道板铺设精调作业

CRTSⅡ型轨道板铺设作业流程如图 4.6 所示。

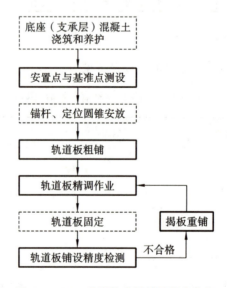

图 4.6 CRTSⅡ型轨道板铺设作业流程

CRTSⅡ型轨道板粗铺定位应符合下列规定。

(1)轨道板铺设前,按设计布板文件测量确定各编号轨道板位置,并在支承层或底座上用墨线标示安装边线,标注轨道板编号。

(2)轨道板粗铺时,将轨道板紧靠定位圆锥置于支撑垫木上,侧面应与支承层或底座上的安装边线对齐,铺设横向位置偏差应小于 5 mm。

CRTSⅡ型轨道板精调的主要设备见表 4.4。

表 4.4 CRTSⅡ型轨道板精调的主要设备表

序号	设备	数量	用途
1	CRTSⅡ型轨道板测量标架	5 个	是轨道板精调作业的测量装置
2	强制对中三脚座	2 个	是在基准点上架设全站仪和后视棱镜的基座
3	精密棱镜	11 只	用于轨道板精调作业
4	测控计算机	1 台	运行轨道板精调作业软件,操控并完成轨道板测量
5	气象量测仪器	1 套	用于测距时温度、气压改正
6	后视棱镜支架	1 只	放置后视棱镜
7	全站仪	1 台	测量 CRTSⅡ型轨道板测量标架上的 6 只棱镜的坐标
8	无线信息显示器	6 个	显示 6 个调整工位的横向和高程的偏移量

CRTSⅡ型轨道板精调作业流程如图 4.7 所示。

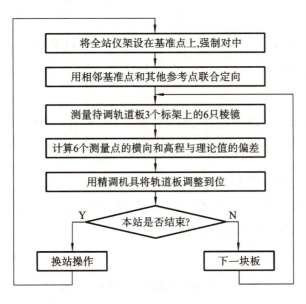

图 4.7 CRTSⅡ型轨道板精调作业流程图

CRTSⅡ型轨道板精调作业应遵循以下步骤。

(1)将测量标架放置于轨道板的固定位置,将全站仪和后视棱镜架设在强制对中三脚座上,并与基准点强制对中。

(2)用已设程序控制的全站仪测量放置在标架上的6只棱镜,获取6个工位的调整量。

(3)按照6个显示器上的调整量用双向千斤顶调整轨道板。

(4)重复精调作业步骤(2)和(3),直至满足轨道板铺设允许偏差的要求。

CRTSⅡ型轨道板精调作业应符合下列规定。

(1)全站仪设站和后视棱镜安装应使用强制对中三脚座;全站仪的定向,应使用轨道板基准点和已调好的相邻轨道板上的2只棱镜。

(2)为防止砂浆灌注时轨道板上浮侧移,应安装和使用地锚及扣压装置。

(3)轨道板精调后应采取防护措施,并应符合相关规定。

砂浆灌注后应进行轨道板铺设精度复测,并满足下列要求。

(1)CRTSⅡ型轨道板铺设精度复测评估的主要设备见表4.5。

表4.5 CRTSⅡ型轨道板铺设精度复测评估的主要设备表

序号	设备	数量	用途
1	CRTSⅡ型轨道板测量标架	1个	是轨道板精调作业的测量装置
2	全站仪	1台	测量辅助测量标架上的棱镜坐标
3	强制对中三脚座	2个	是在基准点上架设全站仪和后视棱镜的基座
4	精密棱镜	3只	用于轨道板精调作业
5	气象量测仪器	1套	用于测距时温度、气压改正
6	后视棱镜支架	1只	放置后视棱镜

(2)检测方法:将CRTSⅡ型轨道板测量标架置于承轨台上,测量2只棱镜的坐标,保存测量结果。

(3)检测部位与精调作业时相同。

(4)用分析软件对CRTSⅡ型轨道板所对应轨顶的轨向、高低和扭曲进行偏差计算和平顺度分析,给出超限部分的调整作业方案。

(5)CRTSⅡ型轨道板精调验收标准应符合表4.6的规定。

表4.6 CRTSⅡ型轨道板精调验收标准表

项次	项目	允许偏差/mm	检验数量	检验设备或工具
1	中线位置	0～0.5	全部检查	全站仪

续表

项次	项目		允许偏差/mm	检验数量	检验设备或工具
2		顶面高程	−0.5～0.5	全部检查	全站仪
3	相邻轨道板接缝处承轨台	顶面相对高差	−0.3～0.3	10块板抽查1处	专用量尺
4		平面位置	−0.3～0.3	10块板抽查1处	专用量尺

4.3.5　CRTSⅡ型板式无砟轨道钢轨精调作业

CRTSⅡ型板式无砟轨道钢轨精调作业流程如图4.8所示。

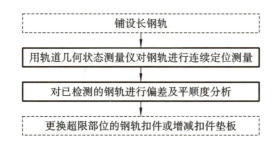

图4.8　CRTSⅡ型板式无砟轨道钢轨精调作业流程

CRTSⅡ型板式无砟轨道钢轨精调作业的主要设备见表4.7。

表4.7　CRTSⅡ型板式无砟轨道钢轨精调作业的主要设备表

序号	设备	数量	用途
1	轨道几何状态测量仪	1套	对钢轨进行轨距、轨向、水平(超高)、绝对坐标的测量
2	气象量测仪器	1套	用于测距时温度、气压改正
3	全站仪	1台	对轨道几何状态测量仪上的棱镜进行坐标测量
4	CPⅢ目标棱镜	8个	作为全站仪自由设站边角交会的目标

CRTSⅡ型板式无砟轨道钢轨精调作业应遵循以下步骤。

(1)将轨道几何状态测量仪置于待调轨道上,启动测量程序。

(2)用已设程序控制的全站仪测量轨道几何状态测量仪上的棱镜,计算和显示钢轨调整量。

(3)钢轨平面位置超限时,应进行扣件更换;高程超限时,应增减扣件垫板。

(4)重复步骤(2)、(3),直至达到验收标准。

CRTSⅡ型板式无砟轨道钢轨精调作业应符合下列规定。

(1)钢轨精调作业应符合相关规范及标准的规定。

(2)进行下一测站的钢轨精调作业时,应重测上一测站不少于一块轨道板的距离。同一点位的横向和高程的相对偏差均不应超过±2 mm。如果复测超限,重新设站后再次复测。如果依然超限,应更换超限点扣件的轨距块或垫板,直至满足要求后方能换站。对于小于±2 mm的偏差,应使用线性或余弦函数进行换站搭接平顺修正,搭接长度不应小于10 m。

4.3.6　CRTSⅡ型板式无砟轨道几何状态检测

CRTSⅡ型板式无砟轨道几何状态检测应符合本书3.3.7节的规定。

第 5 章 CRTSⅠ型双块式无砟轨道施工精调作业

5.1 实训目的和要求

5.1.1 实训目的

(1)理解 CRTSⅠ型双块式无砟轨道的重要性:使学生了解 CRTSⅠ型双块式无砟轨道在高速铁路中的作用和重要性,以及其对铁路运行安全和效率的影响。

(2)掌握 CRTSⅠ型双块式无砟轨道施工精调技术原理:通过理论学习和实践操作,学生可以掌握 CRTSⅠ型双块式无砟轨道施工精调的基本原理和技术要求。

(3)培养实际操作能力:通过实训操作,学生可以培养 CRTSⅠ型双块式无砟轨道施工精调实际操作能力,包括测量、调整和检测等技能。

(4)学习质量控制流程:让学生熟悉并实践 CRTSⅠ型双块式无砟轨道施工过程中的质量控制流程,确保施工质量符合国家标准和行业规范。

(5)提升问题解决能力:在实训过程中,培养学生分析问题和解决问题的能力,特别是掌握在面对施工误差和调整难题时可采取的应对策略。

(6)熟悉专业软件应用:指导学生使用专业软件进行CRTSⅠ型双块式无砟轨道施工精调的模拟和数据处理,提高学生对现代铁路检测技术的适应能力。

5.1.2 实训要求

(1)理论知识准备:学生在进入实训场地前应充分理解CRTSⅠ型双块式无砟轨道的构造、性能以及施工精调的相关理论知识。

(2)安全意识:在实训过程中,学生必须遵守安全操作规程,正确使用各种测量和调整工具。

(3)操作规范:学生应严格按照本书中的操作流程进行操作,确保每一步操作的准确性和可重复性。

(4)数据记录与分析:在实训过程中,学生需要认真记录每项测量数据和调整参数,以便于后续的数据分析和误差分析。

(5)团队合作:鼓励学生在实训中进行团队合作,分工明确,相互协助,共同完成精调任务。

(6)结果分析:实训结束后,学生应能够对结果进行分析,评估精调效果,并提出可能的改进措施。

5.2 精调作业流程

CRTSⅠ型双块式无砟轨道施工精调作业流程如图5.1所示。

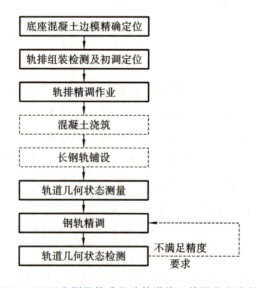

图5.1 CRTSⅠ型双块式无砟轨道施工精调作业流程图

5.3 操作规程

5.3.1 底座(支承层)混凝土边模精确定位及外形检测

底座(支承层)混凝土边模精确定位应符合 3.3.3 节和 4.3.2 节的规定。
混凝土支承层外形尺寸检测应符合表 5.1 的规定。

表 5.1 混凝土支承层外形尺寸允许偏差及检验数量

项次	项目	允许偏差/mm	检验数量
1	顶面高程	−15～5	摊铺机施工时每 50 m 检查 1 处；立模施工时每 20 m 检查 1 处
2	宽度	0～15	
3	中线位置	0～10	

5.3.2 CRTS Ⅰ型轨排组装检测及粗调定位

CRTS Ⅰ型轨排组装流程如图 5.2 所示。

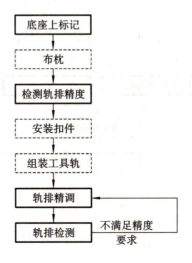

图 5.2 CRTS Ⅰ型轨排组装流程图

CRTSⅠ型轨排组装检测应符合下列规定。

(1)用墨线在底座板上弹出轨排组纵向、横向位置。

(2)双块式轨枕布枕允许偏差限值为±5 mm。

(3)用钢尺丈量每两组轨排之间的纵向间距,在底座两边确定轨排的横向位置,如图5.3所示。

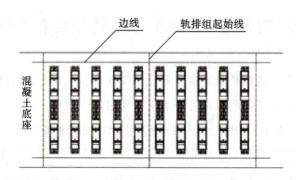

图5.3　CRTSⅠ型轨排组位置示意图

(4)安装扣件及工具轨并检查外观质量。

(5)CRTSⅠ型轨排组装允许偏差应符合表5.2的规定。

表5.2　CRTSⅠ型轨排组装允许偏差

序号	项目	允许偏差/mm
1	轨距	−1~1,变化率不得大于1‰
2	轨枕间距	−5~5

CRTSⅠ型轨排粗调定位流程如图5.4所示。

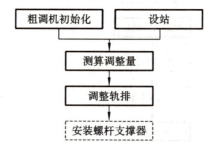

图5.4　CRTSⅠ型轨排粗调定位流程图

CRTSⅠ型轨排粗调定位设备见表 5.3。

表 5.3 CRTSⅠ型轨排粗调定位设备表

序号	设备	数量	用途
1	双块式轨排粗调机	1 套	轨排粗调定位
2	全站仪	1 台	测量轨排的位置
3	CPⅢ目标棱镜	8 个	作为全站仪自由设站边角交会的目标
4	气象量测仪器	1 套	用于测距时温度、气压改正

CRTSⅠ型轨排粗调定位测量与调整应遵循以下步骤。

(1) 粗调设备支撑轨排。

(2) 通过 CPⅢ测量轨排。

(3) 计算获得轨排调整量。

(4) 按调整量调整轨排。

(5) 轨排粗调到位后,安装螺杆固定轨排。

(6) 螺杆支撑器安装的间距以 2 个轨枕距离为宜,每组轨排的端头应单独用螺杆支撑器加密。

(7) 安装轨排侧向固定装置。

CRTSⅠ型轨排粗调定位允许偏差应符合表 5.4 的规定。

表 5.4 CRTSⅠ型轨排粗调定位允许偏差

序号	项目	允许偏差/mm
1	钢轨横向位置	−3～3
2	钢轨顶面高程	−3～0

5.3.3 CRTSⅠ型轨排精调作业

CRTSⅠ型轨排精调作业流程如图 5.5 所示。

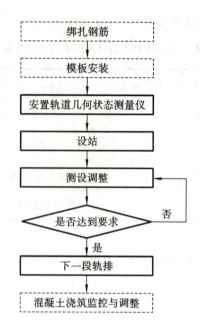

图 5.5　CRTS Ⅰ 型轨排精调作业流程图

CRTS Ⅰ 型轨排精调设备见表 5.5。

表 5.5　CRTS Ⅰ 型轨排精调设备表

序号	设备	数量	用途
1	轨道几何状态测量仪	1套	测量轨道几何状态
2	全站仪	1台	自动测量轨道几何状态测量仪上的棱镜
3	CPⅢ目标棱镜	8只	作为全站仪自由设站边角交会的目标
4	气象量测仪器	1套	用于测距时温度、气压改正
5	螺杆支撑调整体系	1组	调整轨排
6	测力扳手	若干	紧固扣件

CRTS Ⅰ 型轨排精调作业应遵循以下步骤。

(1)将轨道几何状态测量仪置于待调轨道上,启动测量程序。

(2)用已设程序控制的全站仪测量轨道几何状态测量仪上的棱镜,计算和显示轨道调整量。

(3)在每个螺杆支撑点进行平面位置和高程的调整。

(4)重复步骤(2)和(3),直至满足轨道几何状态静态检测精度及允许偏差的要求。

(5)锁定侧向支撑装置,固定轨排。

CRTS Ⅰ 型轨排精调作业应符合下列规定。

(1) 轨排精调作业应符合相关规范中的规定。

(2) 进行下一测站钢轨精调作业时，应重测上一测站不少于 8 根轨枕的距离，同一点位的横向和高程的相对偏差均不应超过±2 mm。如果复测超限，应重新设站后再次复测。如果依然超限，应对换站前的所有钢轨支撑点重新进行调整，直至满足要求后方能换站。对于未超过±2 mm 的偏差，应使用线性或函数方式进行换站搭接平顺修正，顺接长度应遵循每 10 m 变化不大于 1 mm 的原则。

(3) 路基地段须采用下锚型钢与轨枕桁架连接，桥梁地段须采用斜撑来固定轨排。

CRTS I 型轨排精调允许偏差应符合表 5.6 的规定。

表 5.6　CRTS I 型轨排精调允许偏差

项次	项目		允许偏差/mm
1	中线位置		2
2	轨面高程	一般情况	−2～2
		紧靠站台	0～2
3	线间距		0～5

5.3.4　CRTS I 型双块式无砟轨道钢轨精调作业

CRTS I 型双块式无砟轨道钢轨精调作业流程、设备、步骤应符合本书 3.3.6 节和 4.3.5 节的规定。

5.3.5　CRTS I 型双块式无砟轨道几何状态检测

CRTS I 型双块式无砟轨道几何状态检测应符合本书 3.3.7 节的规定。

第6章 CRTSⅡ型双块式无砟轨道施工精调作业

6.1 实训目的和要求

6.1.1 实训目的

(1)理解 CRTSⅡ型双块式无砟轨道的重要性:使学生了解 CRTSⅡ型双块式无砟轨道在高速铁路中的作用和重要性,以及其对铁路运行安全和效率的影响。

(2)掌握 CRTSⅡ型双块式无砟轨道施工精调技术原理:通过理论学习和实践操作,学生可以掌握 CRTSⅡ型双块式无砟轨道施工精调的基本原理和技术要求。

(3)培养实际操作能力:通过实训操作,学生可以培养 CRTSⅡ型双块式无砟轨道施工精调实际操作能力,包括测量、调整和检测等技能。

(4)学习质量控制流程:让学生熟悉并实践 CRTSⅡ型双块式无砟轨道施工过程中的质量控制流程,确保施工质量符合国家标准和行业规范。

(5)提升问题解决能力:在实训过程中,培养学生分析问题和解决问题的能力,特别是掌握在面对施工误差和调整难题时可采取的应对策略。

(6)熟悉专业软件应用:指导学生使用专业软件进行CRTSⅡ型双块式无砟轨道施工精调的模拟和数据处理,提高学生对现代铁路检测技术的适应能力。

6.1.2 实训要求

(1)理论知识准备:学生在进入实训场地前应充分理解CRTSⅡ型双块式无砟轨道的构造、性能以及施工精调的相关理论知识。

(2)安全意识:在实训过程中,学生必须遵守安全操作规程,正确使用各种测量和调整工具。

(3)操作规范:学生应严格按照本书中的操作流程进行操作,确保每一步操作的准确性和可重复性。

(4)数据记录与分析:在实训过程中,学生需要认真记录每项测量数据和调整参数,以便于后续的数据分析和误差分析。

(5)团队合作:鼓励学生在实训中进行团队合作,分工明确,相互协助,共同完成精调任务。

(6)结果分析:实训结束后,学生应能够对结果进行分析,评估精调效果,并提出可能的改进措施。

6.2 精调作业流程

CRTSⅡ型双块式无砟轨道施工精调作业流程如图6.1所示。

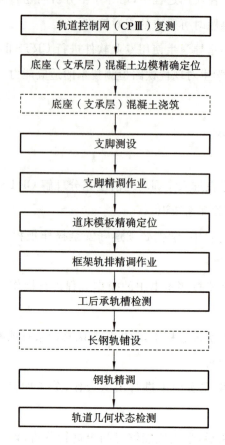

图 6.1　CRTS Ⅱ 型双块式无砟轨道施工精调作业流程

6.3　操作规程

6.3.1　底座(支承层)混凝土边模精确定位及外形检测

底座(支承层)混凝土边模精确定位作业流程如图 6.2 所示。
底座(支承层)的外形尺寸检测应符合表 6.1 的规定。

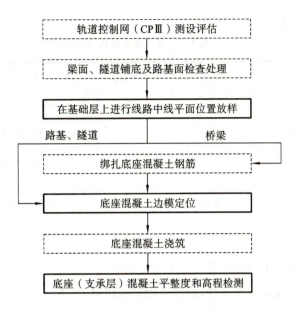

图 6.2 底座(支承层)混凝土边模精确定位作业流程图

表 6.1 底座(支承层)的外形尺寸允许偏差及检验数量

项次	项目	允许偏差/mm	检验数量
1	顶面高程	−15～5	每 20 m 检查 1 处
2	宽度	0～15	
3	中线位置	0～10	

6.3.2 支脚测设

支脚测设流程如图 6.3 所示。

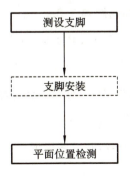

图 6.3 支脚测设流程图

支脚测设主要设备见表 6.2。

表 6.2　支脚测设主要设备表

序号	设备	数量	用途
1	全站仪	1 台	对支脚进行坐标测量
2	CPⅢ目标棱镜	8 只	作为支脚坐标测量目标
3	钢卷尺	1 把	支脚点平面位置的检测
4	气象量测仪器	1 套	用于测距时温度、气压改正

支脚测设应遵循以下步骤。

(1)根据设计图和测量软件计算每个支脚的坐标。

(2)用全站仪进行支脚定位测量,测放支脚安装位置。

(3)在测设好的点位标注"十"字线,用射钉枪打入钢钉或用冲击电钻钻孔。

(4)牢固安装支脚。

支脚测设应满足下列要求。

(1)全站仪应置于相邻的 2 对 CPⅢ控制点之间,后视的 CPⅢ控制点宜为 8 个,困难地段(如不通视地段等)的控制点不应少于 6 个。支脚测设工作区域如图 6.4 所示。

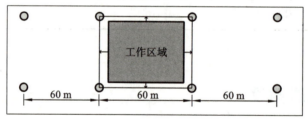

注:圆点为 CPⅢ控制点。

图 6.4　支脚测设工作区域示意图

(2)支脚纵向间距为 3.27 m,横向距离为 3.2 m。

(3)每放样 5 对支脚点,检查 1～3 个 CPⅢ控制点坐标,与原 CPⅢ控制点坐标比较,其较差不应大于 5 mm。

(4)换站后,检测前一测站放样的 2～4 对支脚点,检测平面较差不应大于 5 mm。

(5)放样点平面位置偏差不应大于 5 mm。

(6)每放样 5 个支脚进行点位编号,并做好标记。

6.3.3 支脚精调作业

支脚精调作业流程如图 6.5 所示。

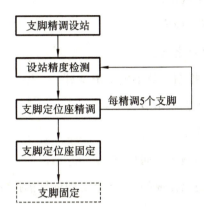

图 6.5 支脚精调作业流程图

支脚精调作业主要设备见表 6.3。

表 6.3 支脚精调作业主要设备表

序号	设备名称	数量	用途
1	全站仪	2 台	支脚精调、三维坐标检测
2	CPⅢ目标棱镜	8 只	作为全站仪自由设站边角交会的目标
3	棱镜	2 只	支脚三维坐标测量
4	微型棱镜	1 只	支脚及模板放样定位
5	专用道尺	1 把	检测支脚横向跨度及曲线地段超高
6	正矢绳和紧线器	1 套	检测支脚正矢

支脚精调作业应遵循以下步骤。

(1) 计算每个支脚上棱镜的三维坐标。

(2) 全站仪应设在固定端支脚上,曲线地段宜设在曲线外侧支脚上。

(3) 检测 1~3 个 CPⅢ控制点坐标,与原 CPⅢ控制点坐标比较,其较差不应大于 1 mm,否则应重新设站。

(4) 松开支脚定位座上的所有紧固螺栓,将棱镜安放在定位座上,测量棱镜三维坐标,反复调整支脚高度和定位座平面位置,直至棱镜三维坐标与设计值较差不大于 0.5 mm,锁定所有紧固螺栓。

(5)每调整 5 个支脚后,应对后视的任意一个 CPⅢ控制点进行检测,与原 CPⅢ控制点坐标比较,其较差不应大于 1 mm。

支脚精调作业应符合以下规定。

(1)全站仪设站应符合下列规定。

①应设于 2 对 CPⅢ控制点之间。

②每一测站观测的 CPⅢ控制点数不应少于 4 对。

③设站点的三维坐标分量偏差不应大于 0.5 mm。

④气象条件应符合相关规定。

⑤每次设站放样距离应为施工方向后方 10～60 m。

(2)换站后,应对相邻已精调完成的 3～5 个支脚进行搭接测量,平面及高程偏差不应大于 2 mm。

(3)支脚定位座纵向平行于线路中线,只能对其进行横向调整,调整范围应在支脚中心 40 mm 内。当横向调整超限时,应整体移动支脚。

(4)支脚平面位置允许偏差不应超过 ±0.5 mm,高程位置允许偏差不应超过 ±0.5 mm。

6.3.4 道床模板精确定位

道床模板精确定位流程如图 6.6 所示。

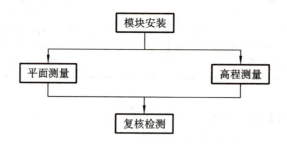

图 6.6 道床模板精确定位流程图

道床模板精确定位主要设备见表 6.4。

表 6.4　道床模板精确定位主要设备表

序号	设备	数量	用途
1	全站仪	1 台	测量模板位置
2	CPⅢ目标棱镜	8 只	作为全站仪自由设站边角交会的目标
3	电子水准仪和铟瓦水准尺	1 套	测量模板高程
4	气象量测仪器	1 套	用于测距时温度、气压改正
5	钢卷尺	1 把	测量、复核模板安装尺寸

道床模板精确定位应遵循以下步骤。

(1)用全站仪或钢卷尺依据支脚点测定模板平面位置。

(2)用水准仪或钢卷尺依据支脚上两棱镜中心连线到设计道床顶面的高差,测定模板顶面高程。

(3)模板定位后,采用钢卷尺进行复核。

道床模板精确定位应符合下列规定。

(1)全站仪设站应符合相关规定。

(2)模板定位中线允许偏差不应超过±2 mm,高程允许偏差不应超过±5 mm。

道床模板精调完成后应及时浇筑混凝土。

6.3.5　框架轨排精调作业

框架轨排精调作业流程如图 6.7 所示。

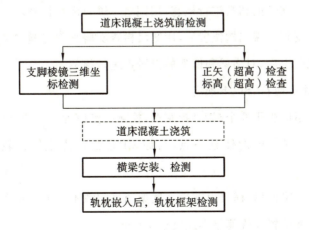

图 6.7　框架轨排精调作业流程图

框架轨排精调作业主要设备见表6.5。

表 6.5　框架轨排精调作业主要设备表

序号	设备名称	数量	用途
1	全站仪	2台	检测支脚棱镜三维坐标
2	CPⅢ目标棱镜	8只	作为全站仪自由设站边角交会的目标
3	棱镜	2只	测量支脚三维坐标
4	专用道尺	1把	检测支脚横向跨度及曲线地段超高
5	塞尺	2把	横梁安装及轨枕嵌入混凝土时框架检测
6	正矢绳和紧线器	1套	检测支脚正矢
7	框架轨排精调作业机组	1组	CRTSⅡ型双块式无砟轨道施工精调作业施工

框架轨排精调作业应遵循以下步骤。

(1)全站仪设在待检支脚范围内,对待检支脚三维坐标进行检测。

(2)用专用工具对检测段的支脚进行连续正矢检测,正矢检测平面位置如图6.8所示。

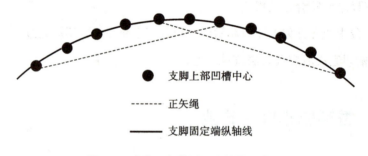

图 6.8　支脚正矢检测平面位置示意图

(3)用专用道尺对支脚的超高进行检查,用钢卷尺进行横跨检测。

(4)横梁安放在支脚上端凹槽位置后,用塞尺检查支脚顶部与横梁是否就位。

(5)轨枕嵌入混凝土后,对横梁和框架的接触点进行检测。

框架轨排精调作业应符合以下规定。

(1)全站仪后视不应少于6个CPⅢ控制点,检测范围应为10～90 m。

(2)后视CPⅢ控制点中的任意一点,与原CPⅢ控制点坐标比较,其较差不应大于1 mm。

(3)支脚球顶与横梁凹槽、横梁上球顶与框架凹槽间隙不应大于0.2 mm。

(4)正矢检测平面位置允许偏差不应大于1 mm。

6.3.6　工后承轨槽检测

工后承轨槽检测应符合下列规定。
(1)应用全站仪观测 8 个 CPⅢ 控制点。
(2)应用专用检测机具对承轨槽的三维坐标进行检测。
(3)应检测每个轨枕框架的第 1 根和第 5 根轨枕承轨槽的平面位置和高程,并记录数据。
(4)换站后,对上一测站已检测的 3~5 根轨枕承轨槽进行重复测量。
工后承轨槽检测允许偏差应符合下列规定。
(1)相邻承轨台高程不应大于 0.5 mm。
(2)相邻框架首根轨枕承轨槽横向偏差不应大于 3 mm,相邻点平面变化不应大于 1 mm。

6.3.7　CRTSⅡ型双块式无砟轨道钢轨精调作业

CRTSⅡ型双块式无砟轨道钢轨精调作业流程、设备、步骤应符合本书 3.3.6 节和 4.3.5 节的规定。

6.3.8　CRTSⅡ型双块式无砟轨道几何状态检测

CRTSⅡ型双块式无砟轨道几何状态检测应符合本书 3.3.7 节的规定。

第7章 长枕埋入式无砟道岔施工精调作业

7.1 实训目的和要求

7.1.1 实训目的

(1)理解长枕埋入式无砟道岔的重要性:使学生了解长枕埋入式无砟道岔在高速铁路中的作用和重要性,以及其对铁路运行安全和效率的影响。

(2)掌握长枕埋入式无砟道岔施工精调技术原理:通过理论学习和实践操作,学生可以掌握长枕埋入式无砟道岔施工精调的基本原理和技术要求。

(3)培养实际操作能力:通过实训操作,学生可以培养长枕埋入式无砟道岔施工精调实际操作能力,包括测量、调整和检测等技能。

(4)学习质量控制流程:让学生熟悉并实践长枕埋入式无砟道岔施工过程中的质量控制流程,确保施工质量符合国家标准和行业规范。

(5)提升问题解决能力:在实训过程中,培养学生分析问题和解决问题的能力,特别是掌握在面对施工误差和调整难题时可采取的应对策略。

(6)熟悉专业软件应用:指导学生使用专业软件进行道岔精调的模拟和数据处理,提高学生对现代铁路检测技术的适应能力。

7.1.2 实训要求

(1)理论知识准备:学生在进入实训场地前应充分理解长枕埋入式无砟道岔的构造、性能以及施工精调的相关理论知识。

(2)安全意识:在实训过程中,学生必须遵守安全操作规程,正确使用各种测量和调整工具。

(3)操作规范:学生应严格按照本书中的操作流程进行操作,确保每一步操作的准确性和可重复性。

(4)数据记录与分析:在实训过程中,学生需要认真记录每项测量数据和调整参数,以便于后续的数据分析和误差分析。

(5)团队合作:鼓励学生在实训中进行团队合作,分工明确,相互协助,共同完成精调任务。

(6)结果分析:实训结束后,学生应能够对结果进行分析,评估精调效果,并提出可能的改进措施。

(7)模拟操作:学生应通过模拟软件进行道岔精调的模拟操作,以加深对精调流程和技术要求的理解。

(8)现场观察:如有可能,学生应到现场观察长枕埋入式无砟道岔的施工过程,以增强实际操作的直观感受。

7.2 精调作业流程

预组装法、原位组装法精调作业流程如图7.1所示。

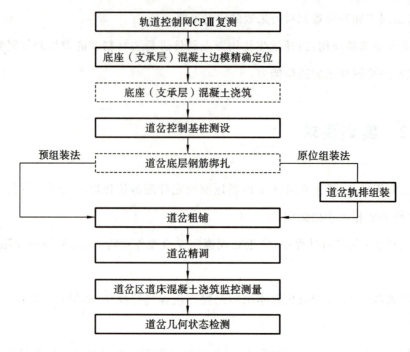

图 7.1　预组装法、原位组装法精调作业流程图

7.3　操作规程

7.3.1　底座(支承层)混凝土边模精确定位

底座(支承层)混凝土边模精确定位作业流程如图 7.2 所示。

底座混凝土边模的精确定位应符合本书 3.3.3 节的规定。

7.3.2　道岔控制基桩测设

道岔控制基桩测设流程如图 7.3 所示。

道岔控制基桩测设主要设备见表 7.1。

第 7 章　长枕埋入式无砟道岔施工精调作业 / 61

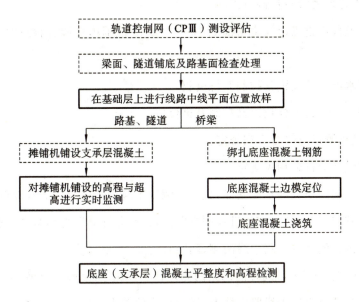

图 7.2　底座(支承层)混凝土边模精确定位作业流程图

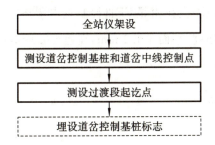

图 7.3　道岔控制基桩测设流程图

表 7.1　道岔控制基桩测设主要设备表

序号	设备名称	数量	用途
1	全站仪	1 台	道岔放样、加密基桩测设
2	电子水准仪和条码铟瓦水准尺	1 套	施工水准复测、CPⅢ控制点高程测量
3	轨道几何状态测量仪	1 台	道岔、长钢轨精调测量
4	CPⅢ目标棱镜	8 只	作为全站仪自由设站边角交会的目标
5	微型棱镜	1~2 只	岔位放样定位

道岔控制基桩测设应遵循以下步骤。

(1)以轨道控制网 CPⅢ为基准,测设道岔控制基桩(岔尖、岔心、岔尾),沿直股、曲股中心线的法线测设道岔各分段控制点。

(2)测设过渡段起讫点以及道岔前后 100～200 m 范围内直股、曲股的中线控制点和轨道加密基桩。

(3)用电子水准仪测设道岔控制基桩高程。

(4)在底座(支承层)上标记道岔控制基桩位置。

道岔控制基桩测设应符合下列规定。

(1)全站仪设站应符合相关规定。

(2)高程测量起闭于二等水准基点,且 1 个测段不应少于 3 个二等水准点。

(3)加密基桩应与 3 对以上 CPⅢ控制点联测,经平差计算后得到基准点的平面坐标。

(4)加密基桩宜设置在线路中线两侧,间距宜为 3～5 根岔枕。

(5)加密基桩按 5～10 m 间距向线路两侧外移 1.8 m,点位偏差应小于 1 mm。

(6)道岔控制基桩应位于线路中线上,横向允许偏差为±1 mm。

(7)相邻道岔控制基桩允许偏差:间距±2 mm,高差±1 mm。

(8)相邻道岔控制基桩偏差应在相邻 CPⅢ控制点内调整。

(9)相邻加密基桩相对精度:平面±0.2 mm,高程±0.1 mm。

7.3.3 轨排组装

原位组装法轨排组装作业流程如图 7.4 所示。

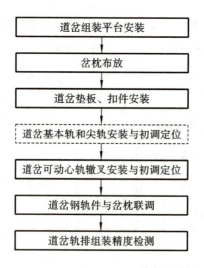

图 7.4 原位组装法轨排组装作业流程图

轨排组装主要设备见表7.2。

表7.2 轨排组装主要设备表

序号	设备名称	数量	用途
1	道岔组装平台	1组	组装道岔
2	全站仪	1台	道岔放样
3	电子水准仪及钢瓦水准尺	1台	施工水准复测、CPⅢ基标高程测量
4	CPⅢ目标棱镜	8~12只	作为全站仪自由设站边角交会的目标
5	轨道尺	2把	检测轨距及水平辅助工具
6	支距尺	2把	检查道岔内部尺寸
7	轨道方尺	2把	方正轨枕
8	塞尺	2把	道岔内部密贴检查
9	测力扳手	若干	拧紧扣件
10	100 m钢尺	2把	枕木位置及间距测量

轨排组装应遵循以下步骤。

(1) 根据测设的道岔控制桩位置安装组装平台。

(2) 布放岔枕。

(3) 道岔扣件、垫板安装。

(4) 道岔基本轨和尖轨安装与粗调定位。

(5) 道岔可动心轨辙叉安装与粗调定位。

(6) 道岔钢轨件与岔枕联调。

轨排组装精度应符合现行无砟道岔施工质量验收标准或规范的有关规定。

7.3.4　长枕埋入式无砟道岔精调作业

长枕埋入式无砟道岔精调作业流程如图7.5所示。

长枕埋入式无砟道岔精调作业主要设备见表7.3。

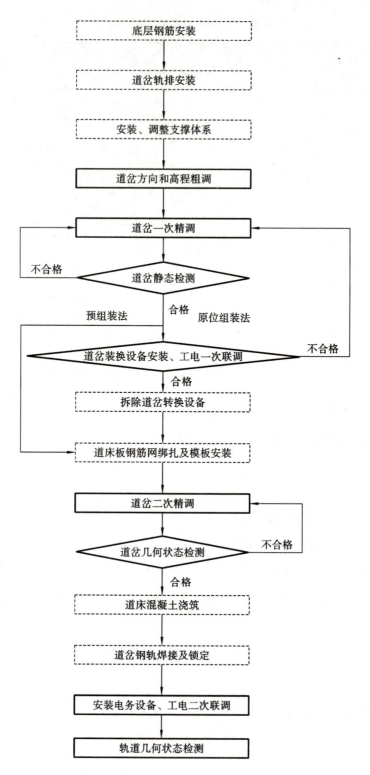

图 7.5 长枕埋入式无砟道岔精调作业流程图

表7.3 长枕埋入式无砟道岔精调作业主要设备表

序号	设备名称	数量	用途
1	全站仪	1台	道岔精调作业
2	电子水准仪和钢瓦水准尺	1套	CPⅢ高程测量
3	轨道几何状态测量仪	1台	道岔精调,以及轨距、水平检测调整
4	CPⅢ目标棱镜	8~12只	作为全站仪自由设站边角交会的目标
5	轨道尺	2把	检测轨距及水平辅助工具
6	支距尺	2把	检查道岔内部尺寸
7	轨道方尺	2把	方正轨枕
8	塞尺	2把	道岔内部密贴检查
9	测力扳手	若干	紧固扣件

长枕埋入式无砟道岔精调作业应遵循以下步骤。

(1)调整轨距、支距。

(2)调整尖轨、可动心轨密贴和顶铁间隙。

(3)整组道岔精调完毕后,对弹条螺栓、岔枕螺栓副、限位器螺栓、翼轨间隔铁螺栓副、长短心轨间隔铁螺栓副进行复拧,复拧扭矩应达到设计值。

(4)调整支撑螺杆高度,精调起平道岔。

(5)调整侧向支撑螺杆,对道岔方向不符合限差要求的点进行局部精调。

长枕埋入式无砟道岔精调作业应符合下列规定。

(1)采用不少于6~8个CPⅢ控制点和轨道几何状态测量仪对道岔进行精调。

(2)设站坐标分量中误差不应大于0.7 mm,定向中误差不应大于1.4″。

(3)道岔钢轨平面位置和高程偏差不应大于0.7 mm,超高偏差不应大于0.5 mm;相邻2根轨枕钢轨平面和高程偏差之差不应大于0.5 mm,超高偏差之差不应大于0.5 mm。

(4)不同测站的重复测量应不少于8根轨枕,重复测量偏差应小于2 mm,平顺性搭接长度应遵循每10 m变化不大于1 mm的原则,并在下一站测量区间顺接。长枕埋入式无砟道岔精调允许偏差应符合表7.4的规定。

表7.4 长枕埋入式无砟道岔精调允许偏差及特性分类

序号	检查项目	允许偏差/mm	特性分类
1	道岔始端轨距	−1~1	B

续表

序号	检查项目	允许偏差/mm	特性分类
2	尖轨尖端轨距	−1~1	A
3	直线尖轨轨头切削起点处轨距	−1~1	A
4	直尖轨第一牵引点前与曲基本轨密贴	缝隙≤0.2	A
5	直尖轨其余部分与基本轨密贴	缝隙≤0.8	B
6	直尖轨工作边直线度	密贴段≤0.2,全长≤1.5	A
7	直尖轨与曲基本轨间顶铁间隙	≤0.5	C
8	直尖轨各牵引点前后各一块滑床台板	缝隙≤0.5	B
9	直尖轨轨底与其余滑床台	缝隙≤1.0,不能连续出现缝隙	C
10	曲尖轨第一牵引点前与直基本轨密贴	缝隙≤0.2	A
11	曲尖轨其余部分与基本轨密贴	缝隙≤0.8	B
12	曲尖轨与直基本轨间顶铁间隙	≤0.5	C
13	曲尖轨各牵引点前后各一块台板	缝隙≤0.5	B
14	曲尖轨轨底与其余滑床台	缝隙≤1.0,不能连续出现缝隙	C
15	转辙器部分最小轮缘槽 65 mm	≥0	A
16	尖轨限位器两侧缝隙偏差	−0.5~0.5	B
17	直尖轨固定端支距	−1~1	B
18	曲尖轨固定端支距	−1~1	B
19	直尖轨跟端支距	−1~1	B
20	曲尖轨跟端支距	−1~1	B
21	尖轨跟端直股轨距	−1~1	B
22	尖轨跟端曲股轨距	−1~1	C
23	可动心轨辙叉趾端开口距	−1~1	C
24	可动心轨辙叉咽喉宽	−1~1	B
25	心轨尖端至第一牵引点处密贴(直)	缝隙≤0.2	A
26	其余部位心轨与翼轨密贴(直)	缝隙≤0.8	B

续表

序号	检查项目	允许偏差/mm	特性分类
27	心轨尖端至第一牵引点处密贴(曲)	缝隙≤0.2	A
28	其余部位心轨与翼轨密贴(曲)	缝隙≤0.8	B
29	叉跟尖轨尖端(100 mm)与短心轨密贴	缝隙≤0.5	B
30	叉跟尖轨其余部位与短心轨密贴	缝隙≤1.0	C
31	心轨牵引点处轨底与台板间缝隙	≤0.5	B
32	心轨轨底与其余台板缝隙	≤0.1,不能连续出现缝隙	C
33	心轨直股工作边直线度	≤0.3(每1 m),全长(心轨尖端500 m至可弯中心后500 m)不超过2.0,不允许抗线	B
34	长心轨轨腰与顶铁的缝隙	≤0.5	C
35	短心轨轨腰与顶铁的缝隙	≤0.5	C
36	叉跟尖轨轨腰与顶铁的缝隙	≤0.5	C
37	心轨实际尖端至直股翼轨趾端的距离	+40	B
38	可动心轨尖端前1 m轨距	−1～1	C
39	可动心轨可弯中心后500 mm轨距	−1～1	C
40	护轨轮缘槽宽度	−0.5～1	B
41	查照间隔1391 mm	≥0	A
42	可动心轨跟端开口距	−1～1	C
43	导曲线部分轨距(尖轨跟端至导曲线终点或辙叉趾端总长的1/4、1/2、3/4共3处)	−1～1	C
44	辙叉跟端轨距	−1～1	B
45	辙叉趾端轨距	−1～1	B
46	尖轨各牵引点处开口值	−2～2	B
47	可动心轨辙叉第一牵引点处开口值	−1～1	B
48	道岔全长	−10～10	C

注 表中特性分类的划分标准为:合格率100%为A类;合格率90%为B类;合格率80%为C类。

（5）浇筑混凝土前，道岔轨排不允许有任何扰动。

（6）最后一次精调和浇筑的时间差超过 12 h，或气温变化大于 150 ℃，或轨排受到任何干扰时，应重新复测。

道岔系统工电联调应符合下列规定。

（1）道岔转辙机及相关设备安装应与精调同步。

（2）电务转换设备应保证道岔可动机构在转换过程中动作平稳、灵活，无卡阻现象。

（3）整组道岔调试完毕，安装尖轨和可动心轨电务转辙机构时，应进行各项密贴和行程指标检查，锁闭装置应正确锁闭，信号应表示正确。

（4）道岔系统工电联调检测过程中，应对转换装置、锁闭装置工作性能检测值及道岔轨距、方向、密贴和间隔等几何尺寸检测值进行详细记录；调整到位后，做定位标记。

7.3.5　道岔区道床混凝土浇筑监控测量

混凝土浇筑前应满足道岔铺设验收要求。

混凝土浇筑过程中应随时对道岔平面位置及高程进行监测，若有异常及时处理。

第8章 板式无砟道岔施工精调作业

8.1 实训目的和要求

8.1.1 实训目的

(1)掌握板式无砟道岔精调流程:使学生熟悉并掌握板式无砟道岔施工精调的整个流程,包括预组装、原位组装、底座混凝土浇筑、道岔轨排组装、道岔精调以及道岔几何状态检测等关键步骤。

(2)理解板式无砟道岔施工精调的重要性:让学生了解道岔精调在确保列车安全、平稳运行中的作用以及对整个铁路系统性能的影响。

(3)学习精确测量技术:通过实训,学生能够掌握使用高精度测量工具和仪器进行道岔位置和几何状态的精确测量。

(4)培养问题解决能力:在实际操作过程中,学生可以培养面对施工中出现的各种问题时的分析和解决能力。

（5）强化质量控制意识：通过道岔施工的质量控制流程学习，学生能够加强对施工质量重要性的认识，并掌握相关的质量控制方法。

（6）提高团队合作和沟通协调能力：通过团队合作完成板式无砟道岔精调作业，培养学生的团队精神和沟通协调能力。

8.1.2　实训要求

（1）理论知识掌握：学生应提前学习并掌握板式无砟道岔的相关知识，包括设计原理、施工技术规范和精调标准。

（2）安全意识：在实训操作中，学生必须遵守现场安全操作规程，正确使用各类工具和设备。

（3）操作规范执行：学生应严格按照本书中的操作流程进行操作，确保每一步操作的准确性和规范性。

（4）数据记录与分析：实训过程中，学生需要准确记录所有测量数据，并进行必要的数据处理和分析。

（5）团队合作：鼓励学生分工合作，相互协助，共同完成板式无砟道岔精调的各个环节。

（6）实训报告撰写：实训结束后，学生应撰写详细的实训报告，记录实训过程、分析实训数据、总结实训成果和提出改进建议。

（7）质量控制实践：学生应学会如何对板式无砟道岔施工过程中的数据进行质量控制，确保施工质量满足相关标准。

（8）现场观察与模拟：如条件允许，学生应到现场观察板式无砟道岔施工过程，或利用模拟软件进行操作练习，以增强实践能力。

8.2　精调作业流程

板式无砟道岔施工精调作业流程如图 8.1 所示。

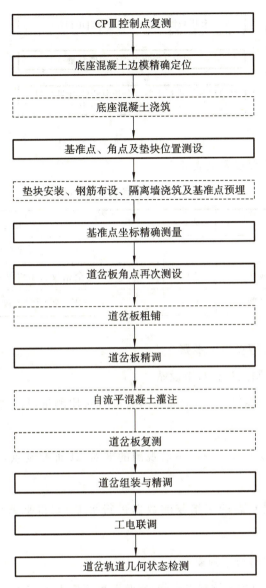

图 8.1　板式无砟道岔施工精调作业流程图

8.3　操作规程

8.3.1　CPⅢ控制点复测

CPⅢ控制点复测流程如图 8.2 所示。

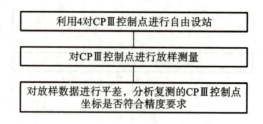

图 8.2 CPⅢ控制点复测流程图

CPⅢ控制点复测主要设备见表 8.1。

表 8.1 CPⅢ控制点复测主要设备表

序号	设备	数量	用途
1	全站仪	1 台	进行坐标测量
2	CPⅢ目标棱镜	8 只	作为全站仪自由设站边角交会的目标
3	气象量测仪器	1 套	用于测距时温度、气压改正

CPⅢ控制点复测应遵循以下步骤。

(1)用 4 对 CPⅢ控制点进行自由设站。

(2)用获得的测站坐标对 8 个 CPⅢ控制点进行对比测量,每一测站的观测应不少于 3 个测回。

(3)下一测站应重复观测上一测站已观测的 3 对 CPⅢ控制点,观测 1 对新的 CPⅢ控制点。

(4)对同一 CPⅢ控制点的多组复测数据进行平差,获得平差后的 CPⅢ控制点复测坐标。

CPⅢ控制点复测应符合下列要求。

(1)测站宜设在 2 对 CPⅢ控制点中间,观测距离不应大于 150 m。

(2)每个测站观测的 CPⅢ控制点不应少于 3 对。

(3)自由设站三维坐标分量偏差不应大于 0.5 mm。

(4)平差后 CPⅢ控制点复测坐标与原始坐标分量较差不应大于 1 mm,高程较差不应大于 0.5 mm。

8.3.2 基准点、角点及垫块位置测设

基准点、角点及垫块位置测设流程如图 8.3 所示。

基准点、角点及垫块位置测设的主要设备见表 8.2。

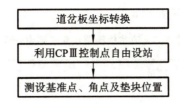

图 8.3 基准点、角点及垫块位置测设流程图

表 8.2 基准点、角点及垫块位置测设的主要设备表

序号	设备	数量	用途
1	全站仪	1台	坐标测设
2	测钉	若干	作为基准点标志
3	棱镜三脚座	1副	坐标测设
4	棱镜	1只	反射目标

基准点、角点及垫块位置测设应遵循以下步骤。

(1)将各放样点的设计坐标转换为测设用的大地坐标。

(2)在底座(支承层)上测设基准点、角点及垫块位置。

(3)在浇筑完成的隔离墙上再次测设基准点。

测设距离不应大于 50 m,测设偏差不应大于 5 mm。

8.3.3 道岔板精调作业

道岔板精调作业流程如图 8.4 所示。

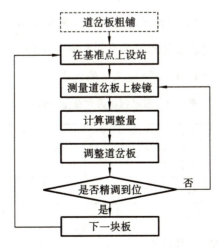

图 8.4 道岔板精调作业流程图

道岔板精调作业主要设备见表 8.3。

表 8.3 道岔板精调作业主要设备表

序号	设备	数量	用途
1	全站仪	1 台	坐标放样测量
2	强制对中三脚座	2 副	架设全站仪和后视棱镜
3	球棱镜	7 只	反射目标
4	棱镜套筒	6 个	安置棱镜
5	棱镜支架及转换套筒	1 套	后视定向
6	气象量测仪器	1 套	用于测距时温度、气压改正

道岔板精调作业应遵循以下步骤。

(1)将道岔板上的设计坐标转换为精调用的大地坐标。

(2)用强制对中三脚座在基准点上架设全站仪和后视棱镜。

(3)用后视棱镜和已调道岔板上的定位棱镜联合定向。

(4)测量道岔板上 4 只(或 6 只)棱镜。

(5)计算待调道岔板的调整量,用三维调整机具调整道岔板。

(6)重复步骤(4)、(5),直至符合道岔板铺设允许偏差的规定。

道岔板精调作业应符合下列要求。

(1)全站仪设站应符合下列规定。

①全站仪设站应使用强制对中三脚座。

②测站点坐标应为强制对中的基准点坐标。

③调整第一块道岔板时,应采用相邻道岔板的基准点定向。以后每块道岔板的调整,应以调整到位道岔板直股侧的定位棱镜和基准点进行联合定向。

(2)道岔板精调作业允许偏差应符合表 8.4 的规定。

表 8.4 道岔板精调作业允许偏差

序号	项目	允许偏差/mm
1	横向	±0.3
2	纵向	±0.3
3	高程	±0.3
4	道岔板中部高程	±0.5

(3)为防止砂浆灌注时道岔板上浮侧移,应安装和使用地锚及扣压装置。

8.3.4 道岔板复测

道岔板复测流程如图 8.5 所示。

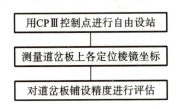

图 8.5 道岔板复测流程图

道岔板复测主要设备见表 8.5。

表 8.5 道岔板复测主要设备表

序号	设备	数量	用途
1	全站仪	1 台	对各只棱镜的坐标测量
2	三脚架	1 副	架设全站仪
3	球棱镜	6 只	反射目标
4	球棱镜套筒	6 个	安置棱镜
5	CPⅢ目标棱镜	8 只	作为全站仪自由设站边角交会的目标
6	气象量测仪器	1 套	用于测距时温度、气压改正

道岔板复测应遵循以下步骤。
(1)利用 CPⅢ控制点自由设站。
(2)测量道岔板上各定位棱镜的坐标。
(3)根据测量值评估道岔板铺设精度,制定道岔组装计划,准备精调所需的调整扣件。
测站间应有足够的重复测量点,据此判定搭接误差和测量精度。

8.3.5 道岔精调作业

道岔精调作业流程如图 8.6 所示。

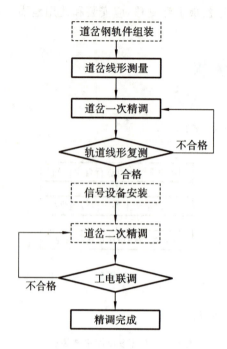

图 8.6 道岔精调作业流程图

道岔精调作业主要设备见表 8.6。

表 8.6 道岔精调作业主要设备表

序号	设备名称	数量	用途
1	全站仪	1 台	CPⅢ控制点复测、坐标放样、道岔板精调等
2	电子水准仪和条码钢瓦水准尺	1 套	CPⅢ控制点高程测量、GRP点高程测量
3	轨道几何状态测量仪	1 台	道岔、长钢轨精调测量
4	CPⅢ目标棱镜	8～12 只	作为全站仪自由设站边角交会的目标
5	轨道尺	2 把	检测轨距及水平辅助工具
6	支距尺	2 把	检查道岔内部尺寸
7	塞尺	2 把	道岔内部密贴检查
8	1 m 平直度尺	2 把	检查钢轨焊缝表面平顺度
9	弦线	2 根	短波轨向、高度检查
10	钢板尺	2 把	与弦线配合进行测量
11	测力扳手	若干	检查扣件螺栓扭矩值

道岔精调作业应符合本书附录 E 的规定。

8.3.6 道岔几何状态检测

道岔几何状态检测允许偏差应符合表 8.7 的规定。

表 8.7 道岔几何状态允许偏差

序号	指标		允许偏差	检测方法	备注
1	轨距		−1～1 mm	轨道尺,轨道几何状态测量仪	
2	轨距变化率		≤1.5‰		
3	水平		−1～1 mm	轨道尺,轨道几何状态测量仪	
4	水平变化率		≤2 mm(每 2.5 m)		三角坑
5	轨向(短波)		≤2 mm(每 30 m 弦)	轨道几何状态测量仪	
			≤2 mm(每 10 m 弦)	弦线	
6	轨向(长波)		≤10 mm(每 300 m 弦)	轨道几何状态测量仪	
7	高低(短波)		≤2 mm(每 30 m 弦)	轨道几何状态测量仪	
			≤2 mm(每 10 m 弦)	弦线	
8	高低(长波)		≤10 mm(每 300 m 弦)	轨道几何状态测量仪	
9	轨底外侧与轨距块缝隙		≤0.5 mm	塞尺	
10	轨枕挡肩与轨距块缝隙		≤0.3 mm	塞尺	
11	弹条中部与挡座间缝隙		≤0.5 mm	塞尺	
12	焊缝	顶面	≤0.2 mm	1 m 平直度尺及塞尺	
		工作边	−0.2～0 mm	1 m 平直度尺及塞尺	
		圆弧面	−0.2～0 mm	1 m 平直度尺及塞尺	
		轨底焊筋	≤0.5 mm		

第 9 章　钢轨伸缩调节器施工精调作业

9.1　实训目的和要求

9.1.1　实训目的

(1)掌握钢轨伸缩调节器施工精调流程:使学生熟悉钢轨伸缩调节器施工精调的整个流程,包括施工准备、底座混凝土边模精确定位、控制基桩及加密基桩测设、伸缩调节器吊装就位、粗调和精调,以及道床混凝土浇筑监控测量。

(2)理解钢轨伸缩调节器的重要性:让学生了解钢轨伸缩调节器在铁路轨道中的作用,特别是解决钢轨因温度变化引起的伸缩问题,确保铁路运行的安全性和平稳性。

(3)学习精确的测量和调整技术:通过实训,学生能够掌握使用各种测量工具和设备进行精确测量和调整的技术,以满足施工标准。

(4)培养问题解决能力:在实际操作过程中,学生可以培养面对施工中出现的各种问题时的分析和解决能力。

(5)提高团队合作和沟通协调能力:通过团队合作完成钢轨伸缩调节器的施工精调,培养学生的团队精神和沟通协调能力。

9.1.2 实训要求

(1)理论知识掌握:学生应提前学习并掌握钢轨伸缩调节器的相关知识,包括设计原理、施工技术规范和精调标准。

(2)安全意识:在实训操作中,学生必须遵守现场安全操作规程,正确使用各类工具和设备。

(3)操作规范:学生应严格按照本书中的操作流程进行操作,确保每一步操作的准确性和规范性。

(4)数据记录与分析:实训过程中,学生需要准确记录所有测量数据,并进行必要的数据处理和分析。

(5)团队合作:鼓励学生分工合作,相互协助,共同完成钢轨伸缩调节器施工精调的各个环节。

(6)实训报告撰写:实训结束后,学生应撰写详细的实训报告,记录实训过程、分析实训数据、总结实训成果和提出改进建议。

(7)质量控制实践:学生应学会如何对钢轨伸缩调节器施工过程中的数据进行质量控制,确保施工质量满足相关标准。

(8)现场观察与模拟:如条件允许,学生应到现场观察钢轨伸缩调节器施工过程,或利用模拟软件进行操作练习,以增强实践能力。

9.2 精调作业流程

钢轨伸缩调节器施工精调作业流程如图 9.1 所示。

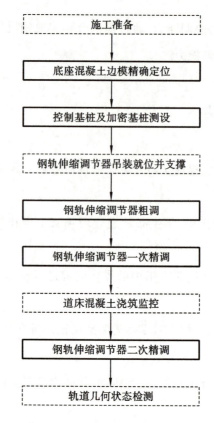

图 9.1 钢轨伸缩调节器施工精调作业流程图

9.3 操作规程

9.3.1 底座混凝土边模精确定位

底座混凝土边模精确定位流程如图 9.2 所示。

9.3.2 控制基桩及加密基桩测设

控制基桩及加密基桩测设流程如图 9.3 所示。

第 9 章 钢轨伸缩调节器施工精调作业

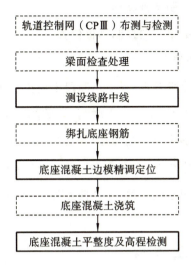

图 9.2 底座混凝土边模精确定位流程图

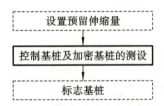

图 9.3 控制基桩及加密基桩测设流程图

控制基桩及加密基桩测设主要设备见表 9.1。

表 9.1 控制基桩及加密基桩测设主要设备表

序号	设备	数量	用途
1	棱镜三脚座	1 个	放置放样点坐标测设棱镜
2	全站仪	1 台	测量被测点的平面坐标
3	气象量测仪器	1 套	用于测距时温度、气压改正
4	电子水准仪和条码铟瓦水准尺	1 台	测量被测点的高程
5	CPⅢ目标棱镜	8 只	作为 CPⅢ基标的目标棱镜

控制基桩及加密基桩测设应遵循以下步骤。

(1)铺设前,应根据锁定时的轨温计算并预留伸缩量。

(2)以 CPⅢ轨道控制网为基准,测设控制基桩和加密基桩。

(3)测设过渡段起讫点以及钢轨伸缩调节器前后 100~200 m 范围内中线控制点和轨道加密基桩。

(4)测设钢轨伸缩调节器控制基桩高程。

(5)在底座上标注钢轨伸缩调节器控制基桩位置。

控制基桩测设应符合下列规定。

(1)高程测量起闭于二等水准基点,且1个测段不应少于3个二等水准点。

(2)加密基桩应与3对以上CPⅢ控制点联测,经平差计算后得到基准点的平面坐标。

(3)加密基桩宜设置在线路中线两侧,间距宜为3~5根轨枕。

(4)控制基桩应位于线路中线上,横向允许偏差为±1 mm。

(5)轨道中心线应与线路中心线一致,允许偏差为10 mm。

9.3.3 轨排组装及精调

轨排组装及精调流程如图9.4所示。

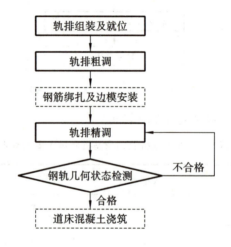

图9.4 轨排组装及精调流程图

轨排组装及精调主要设备见表9.2。

表9.2 轨排组装及精调主要设备表

序号	设备	数量	用途
1	棱镜三脚座	1个	放置放样点坐标测设棱镜
2	全站仪	1台	测量被测点的平面坐标
3	气象量测仪器	1套	用于测距时温度、气压改正
4	电子水准仪和条码铟瓦水准尺	1台	测量被测点的高程

续表

序号	设备	数量	用途
5	CPⅢ目标棱镜	8只	作为CPⅢ基标的目标棱镜
6	测力扳手	若干	紧固扣件

轨排组装及精调应遵循以下步骤。

(1) 用墨线在底座上弹出轨排组纵向、横向位置。

(2) 布放钢轨伸缩调节器轨枕。

(3) 安装垫板及扣件。

(4) 安装钢轨伸缩调节器钢轨组件。

(5) 安装螺杆支撑体系固定轨排。

(6) 通过CPⅢ控制网及轨道几何状态测量仪精调轨排。

轨排精调应符合下列规定。

(1) 轨面高程允许偏差不大于±5 mm。

(2) 钢轨平面位置允许偏差不大于±5 mm。

9.3.4 钢轨伸缩调节器精调

钢轨伸缩调节器精调应符合本书附录F的规定。

9.3.5 轨道几何状态检测

轨道几何状态检测应符合表9.3的规定。

表 9.3 轨道静态检测及调整标准

序号	指标	允许偏差	检测方法	备注
1	轨距	−1～1 mm	轨道尺,轨道几何状态测量仪	
2	轨距变化率	1.5‰		
3	水平	−1～1 mm	轨道尺,轨道几何状态测量仪	
4	水平变化率	≤2 mm(每2.5 m)		三角坑

续表

序号	指标	允许偏差	检测方法	备注
5	轨向（短波）	≤2 mm（每 30 m 弦）	轨道几何状态测量仪	
		≤2 mm（每 10 m 弦）	弦线	
6	高低（短波）	≤2 mm（每 30 m 弦）	轨道几何状态测量仪	
		≤2 mm（每 10 m 弦）	弦线	

附录 A 二等水准引测上桥实施方法

A.1 竖向测距高程传递法

竖向测距高程传递法应遵循以下步骤。

(1)使用全站仪测定垂向的距离,获得两点高差,将二等水准引测上桥。

(2)准备设备。竖向测距高程传递法所需设备见表 A.1。

表 A.1 竖向测距高程传递法所需的设备表

序号	设备名称	数量	主要技术参数
1	全站仪	1 台	测距中误差不大于 $(1\text{ mm}+2D\times 10^{-6}\text{ mm})$($D$ 为测距),测角中误差不大于 $1''$,具有自动搜索目标、自动照准目标功能
2	弯管目镜	1 副	将瞄准天顶的视线转换到水平方向观测
3	水准仪	1 台	每千米往返测高差中数中误差不大于 0.4 mm
4	棱镜	1 只	各向异性差别不大于 0.3 mm 和加常数互差不大于 0.2 mm

续表

序号	设备名称	数量	主要技术参数
5	木三脚架	1 副	
6	棱镜支撑钢板	1 块	特制
7	水准尺适配器	1 个	
8	测钉	1 个	
9	直立套管预埋件	4 个	

(3) 布置现场。现场布置如图 A.1 和图 A.2 所示。

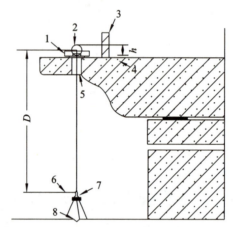

1—棱镜支撑钢板；2—棱镜；3—防撞墙；4—待测高程点 m；5—泄水孔；
6—高程 H；7—全站仪；8—投影点 P。

图 A.1　立面观测示意图

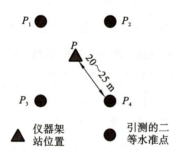

图 A.2　地面测点分布图

(4) 在梁的固定端选择一个泄水孔或梁缝，使其与地面通视。以泄水孔为例，其实施步骤如下。

① 使用垂球或全站仪的激光对点器将泄水孔有效孔径的中心点投射到地面（图 A.1），

预埋测钉,使测钉的中心与泄水孔有效孔径的中心在一条铅垂线上,其偏差不应大于 20 mm,设此点为 P。在 P 点四周均匀预埋 4 个安放棱镜的直立套管预埋件,设这些点为 P_1、P_2、P_3、P_4(图 A.2)。

②安放棱镜,使用水准仪从就近的二等水准点引测,获得 P_1、P_2、P_3、P_4 点的高程,记为 H_{P_1}、H_{P_2}、H_{P_3}、H_{P_4}。

③在 P 点正上方架设全站仪,顺序观测 P_1、P_2、P_3、P_4 点,获得全站仪中心的高程,记为 H。

④在全站仪目镜上安装弯管目镜,将全站仪指向天顶,并保证全站仪及其望远镜固定不动。

⑤使桥上泄水孔处钢板的圆孔位于泄水孔中央,在钢板圆孔处放置反射面向下的棱镜,使棱镜中心与全站仪的十字丝中心重合。

⑥观测 6 次,各次观测值的互差不应大于 0.2 mm,取其平均值,记为 d。

⑦用水准仪观测钢板上棱镜顶面到梁上固定端处水准点 m 的高差,记为 h。

⑧计算 m 点的高程 H_m。H_m 的计算公式如下:

$$H_m = H + D + r + h$$
$$D = d + A + d \times B$$

式中:r——棱镜的半径;

A——全站仪鉴定报告中的加常数;

B——全站仪鉴定报告中的乘常数。

A.2 对向三角高程测量法

对向三角高程测量法应遵循以下步骤。

(1)准备设备。对向三角测量法所需设备见表 A.2。

表 A.2 所需设备

序号	设备名称	数量	主要技术参数
1	全站仪	1 台	测距中误差不大于($1\ mm + D \times 10^{-6}\ mm$)($D$ 为测距),测角中误差不大于 $0.5''$,具有自动搜索目标、自动照准目标功能
2	水准仪	1 台	每千米往返测高差中数中误差不大于 0.4 mm

续表

序号	设备名称	数量	主要技术参数
3	棱镜	2只	各向异性差别不大于0.3 mm，加常数互差不大于0.2 mm
4	木三脚架	2副	
5	水准尺适配器	1个	
6	测钉	2个	
7	直立套管预埋件	8个	

（2）布置现场。现场布置如图A.3和图A.4所示。

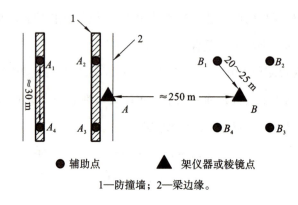

图A.3　测点平面分布图

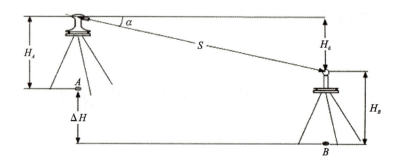

图A.4　立面观测示意图

（3）对向三角高程测量。

①按图A.3所示，在A、B点埋设测钉，其他辅助点埋设安放棱镜的直立套管预埋件。

②安放球棱镜，使用水准仪就近引测，分别获得B_1、B_2、B_3、B_4和A_1、A_2、A_3、A_4的高程。

③往测：首先在B点正上方架设棱镜，使用全站仪采用对边测量的方法，分别以B_1、B_2、B_3、B_4为参考点，获得B点棱镜中心的4个高程，将其平均值减去B点高程后，可获得B点处棱镜高，记为H_{B_1}。然后在梁上A点正上方架设全站仪，获得A点处仪器高，记为H_{A_1}。

使用正倒镜方法观测 B 点棱镜 6 个测回，记录天顶距 α_1 和斜距 S_1。棱镜与仪器的高差为 H_{d1}，A 点与 B 点的高差为 ΔH，如图 A.4 所示，在不计大气折光的影响下可以得出下式：

$$\Delta H + H_{A_1} - H_{d1} = H_{B_1}$$

$$H_{d2} = S_1 \cdot \sin \alpha_1$$

④返测：将 B 点上的棱镜搬至 A 点架设，使用全站仪采用对边测量的方法，分别以 A_1、A_2、A_3、A_4 为参考点，获得 A 点的 4 个高程，其平均值即为 A 点棱镜高，记为 H_{A_2}。然后在 B 点架设全站仪，获得 B 点处仪器高，记为 H_{B_2}。用正倒镜方法观测 A 点棱镜 6 个测回，记录天顶距 α_2 和斜距 S_2。棱镜与仪器的高差此时为 H_{d2}。在不计大气折光的影响下可以得出下式：

$$H_{A_2} + \Delta H = H_{B_2} + H_{d2}$$

$$H_d = S_2 \cdot \sin \alpha_2$$

⑤计算 A 点的高程 H：

$$H = H_A + \Delta H$$

$$\Delta H = \frac{1}{2}(H_{B_1} - H_{A_1} + H_{d1} + H_{B_2} - H_{A_2} + H_{d2})$$

垂直角和距离测量的允许偏差应分别符合表 A.3 和 A.4 的规定。

表 A.3　垂直角测量允许偏差

测回数	两次读数差	指标差互差	测回互差
6	1.0″	6.0″	4.0″

表 A.4　距离测量允许偏差

测回数	每测回读数次数	四次读数较差	测回互差
2	4	2.0 mm	2.0 mm

A.3　旁向三角高程测量法

旁向三角高程测量法应遵循以下步骤。

(1)用全站仪测得目标点相对测站的高程，两个目标点观测的高程之差即为两个目标点的高差。

(2)准备设备。旁向三角高程测量所需设备见表 A.5。

表 A.5　旁向三角高程测量所需设备表

序号	设备名称	数量	主要技术参数
1	全站仪	1 台	测距中误差不大于($1\ mm + D \times 10 - 6\ mm$)($D$ 为测距),测角中误差不大于 $0.5''$,具有自动搜索目标,自动照准目标功能
2	水准仪	1 台	每千米往返测高差中数中误差不大于 0.4 mm
3	棱镜	2 只	各向异性差别不大于 0.3 mm,加常数互差不大于 0.2 mm
4	木三脚架	1 副	
5	直立套管预埋件	2 个	

(3)布置现场。现场布置如图 A.5 所示。

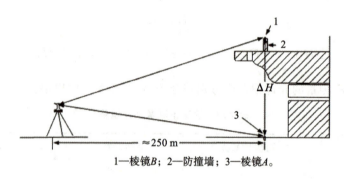

1—棱镜B；2—防撞墙；3—棱镜A。

图 A.5　立面观测示意图

(4)以图 A.5 为例,旁向三角高程测量应遵循以下步骤。

①在梁固定端埋设安放球棱镜的直立套管预埋件,假设此点为 B。

②在 B 点下方埋设一个安放球棱镜的直立套管预埋件,假设此点为 A。

③使用水准仪就近引测获得 A 点的高程,记为 H_A。

④在距 A 点约 250 m 的地方架设全站仪。

⑤在正镜位置顺序观测 A 点和 B 点,获得 A 点和 B 点的高程,记为 H_{A1}、H_{B1},则 A 点到 B 点的高差 ΔH 为:$\Delta H = H_{B1} - H_{A1}$。

⑥在倒镜位置顺序观测 B 点和 A 点,获得 B 点和 A 点的高程,记为 H_{A2}、H_{B2},则 A 点到 B 点的高差 ΔH 为:$\Delta H = H_{B2} - H_{A2}$。正倒镜获得的高差值取平均后即为该测回的高差观测值。

⑦以上步骤⑤、⑥的观测为一个测回,一般应观测两个测回,两个测回的高差互差不应大于 1.5 mm,两个测回的高差平均值即为 A 点到 B 点的高差。

⑧在距 A 点约 250 m 处重新架设全站仪,重复④～⑦的步骤;所获得的 A 点到 B 点的高差与第一次设站获得的高差之差不应大于 1 mm,两次高差的平均值即为 A 点到 B 点的高差。

A.4 不量仪器高和棱镜高的中间设站三角高程测量法

当高程上桥测量困难时,可采用不量仪器高和棱镜高(采用同一个对中杆)的中间设站三角高程测量与几何水准测量相结合的方法。中间设站三角高程测量方法,就是在没有仪器高和棱镜高量取误差的情况下,求出 A 点和 B 点的高差的一种方法。

该方法所需设备见表 A.6。

表 A.6 不量仪器高和棱镜高的中间设站三角高程测量法所需设备表

序号	设备名称	数量	主要技术参数
1	全站仪	1 台	测距中误差不大于$(1\ \text{mm}+D\times 10^{-6}\ \text{mm})$($D$ 为测距),测角中误差不大于 $0.5''$,具有自动搜索目标、自动照准目标功能
2	水准仪	1 台	每千米往返测高差中数中误差不大于 0.3 mm
3	棱镜+对中杆	1 套	
4	三脚架	1 副	

该方法现场布置如图 A.6 所示。

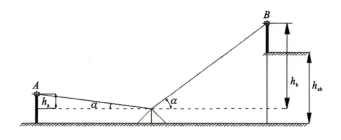

图 A.6 不量仪器高和棱镜高的中间设站三角高程测量原理示意图

不量仪器高和棱镜高的中间设站三角高程测量应满足表 A.7 的主要技术要求。采用该方法传递高程时,前后视必须使用同一只棱镜,且观测过程必须确保棱镜高度不变。仪器到棱镜的距离宜小于 30 m,最大不应超过 50 m;仪器到前视棱镜和后视棱镜的距离应尽量相等,一般差值不宜超过 5 m,垂直角应小于 28°;观测时,要准确测量温度、气压值,以便进行边长改正。

表 A.7 不量仪器高和棱镜高的中间设站三角高程测量技术要求

垂直角测量				距离测量			
测回数	两次读数差限值/(″)	测回间指标差互差限值/(″)	测回差限值/(″)	测回数	每测回读数次数	四次读数差限值/mm	测回差限值/mm
4	±4.0	±5.0	±5.0	4	4	±3.0	±5.0

不量仪器高和棱镜高的中间设站三角高程测量遵循以下步骤。

(1)全站仪置于 A、B 两点中间,严格整平仪器,控制全站仪到 A、B 两点的距离以及仰俯角。

(2)将对中杆及棱镜置于 A 点,用全站仪测量 A 点的垂直角及斜距,计算出 h_A。

(3)将 A 点对中杆及棱镜移至桥上 B 点,对中整平,用全站仪测量 B 点的垂直角及斜距,计算出 h_B。

(4)A、B 两点的高差为 $h_{AB} = h_B - h_A$。

附录 B CRTS Ⅰ 型轨道板及钢模检测

B.1 轨道板检测

轨道板检测应遵循以下步骤。

(1)在每排螺栓孔中插入安放了棱镜的自定心螺栓孔适配器,并将 T 形测量标架放置到位。

(2)用全站仪依次测量适配器上的棱镜和 2 个 T 形测量标架上的 6 只棱镜,得到三维坐标。

(3)依次观测每排螺栓孔上的棱镜。

(4)将检测数据导入处理软件,计算分析螺栓孔顶面的共面性及螺栓孔的对称性、平行性和直线性。

(5)获得每块轨道板的检测结果,如图 B.1~图 B.3 所示。

(6)每批次生产的轨道板应进行全面检测。检测内容为平整度、螺栓孔的相对位置。

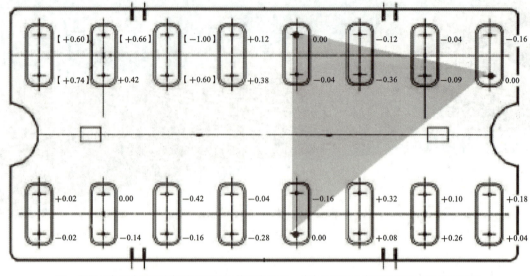

注：阴影三角形表示所有螺栓孔顶面最佳拟合平面。其余各螺栓孔旁的数字表示其顶面距离上述平面的垂直距离（单位：mm）；方括号内的数字表示超限值（单位：mm）。

图 B.1　螺栓孔顶面共面性分析结果

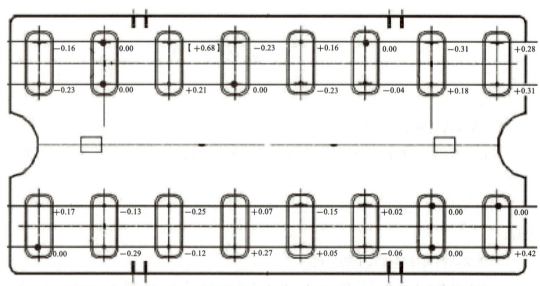

注：每个螺栓孔中若出现两个粗点，表明该螺栓孔对应的方向为最佳拟合直线的方向。其余各点旁的数字表示该点偏离直线的垂距（单位：mm），从仪器放置点方向面对轨道板左负右正。方括号内的数字表示超限值（单位：mm）。

图 B.2　螺栓孔顶面共线性分析结果

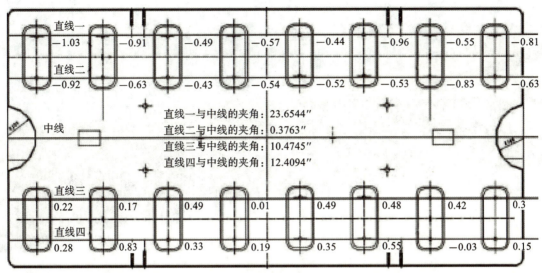

注：图中上下两侧共4行数字表示相应螺栓孔中心与轨中线之间的距离与标准距离的差值（单位：mm），螺栓孔中心与轨中线之间的距离大于标准值为正，小于标准值为负。中间文字用于说明四列螺栓孔形成的直线与轨中线的夹角（单位：″）。

图 B.3　螺栓孔对称性分析结果

B.2　钢模检测方法

钢模检测应满足以下要求。

(1)钢模检测时,应在钢模的螺栓桩上插入螺栓桩检测套筒,上面再安放棱镜。其检测步骤与轨道板检测步骤相同。

(2)轨道板钢模的检查应符合下列规定。

①对钢模应实行例行和定期检查,并记录于钢模检查表中。

②钢模例行检查应在制板前进行,内容包括外观、平面度。

③钢模定期检查每半月进行一次,内容包括长度、宽度、厚度和平面度、螺栓桩位置的相互关系。

附录 C 轨道板防上浮侧移的措施

C.1 防上浮侧移措施

为保持轨道板的精调结果,可采用在凸形挡台内制作贯穿孔的方法,在轨道板灌注砂浆时安装防上浮侧移装置,如图 C.1 和图 C.2 所示。

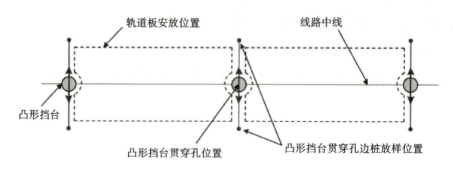

图 C.1 凸形挡台贯穿孔放样位置示意图

图 C.2 凸形挡台上的贯穿孔示意图

C.2 作业流程

(1)凸形挡台贯穿孔位置测设作业流程如图 C.3 所示。

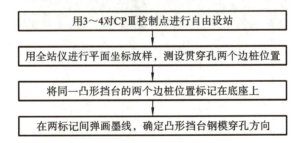

图 C.3 凸形挡台贯穿孔位置测设作业流程

(2)凸形挡台贯穿孔位置测设的主要设备见表 C.1。

表 C.1 凸形挡台贯穿孔位置测设的主要设备表

序号	设备	数量	用途
1	棱镜三脚座	1个	放置放样点坐标测设棱镜
2	全站仪	1台	进行贯穿孔两个边桩平面位置放样
3	CPⅢ目标棱镜	8只	作为全站仪自由设站边角交会的目标

(3)凸形挡台贯穿孔位置测设应符合下列规定。

①全站仪设站应符合相关规定。

②凸形挡台贯穿孔位置测设的定位允许偏差限值为±5 mm。

(4)安装轨道板防上浮专用机具应遵循以下步骤。

①用全站仪测设贯穿孔方向的两个标志点,并标注在底座上。

②沿标志点的方向在钢模上安装一根硬塑料管,在凸形挡台浇筑完成后,形成一个横向贯穿孔。

③轨道板砂浆灌注前,在轨道板表面用防上浮专用机具钩住贯穿孔内钢筋的两端,拧紧防上浮专用机具上的螺母,将轨道板均匀地向下拉紧,防止砂浆灌注时轨道板上浮。

④砂浆凝固后,拆除轨道板防上浮专用机具(图 C.3)。

图 C.3　轨道板防上浮专用机具

附录 D CRTS I 型轨道板精调作业的测量装置

D.1 自定心螺栓孔适配器

自定心螺栓孔适配器能够在一定范围内自动适应不同型号轨道板上不同孔径的螺栓孔,并保持棱镜中心与螺栓孔中心一致,将棱镜中心至轨道板承轨面的高度固定。自定心螺栓孔适配器的构造如图 D.1 所示。

图 D.1 自定心螺栓孔适配器的构造

自定心螺栓孔适配器在轨道板精调作业时安放位置如图 D.2 所示。

图 D.2　自定心螺栓孔适配器在轨道板上的安放示意图

D.2　T 形测量标架

T 形测量标架应放置在轨道板的固定位置,其上安置棱镜,是用于测量轨道板空间位置和姿态的测量装置。T 形测量标架如图 D.3 所示。

图 D.3　T 形测量标架

T 形测量标架在轨道板上的安放位置如图 D.4 和图 D.5 所示。

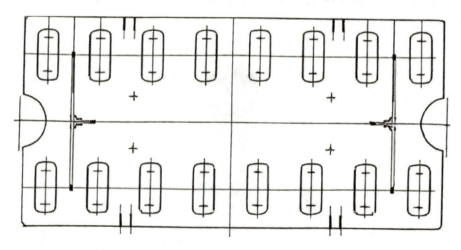

图 D.4　T 形测量标架在实心轨道板上的安放位置示意图

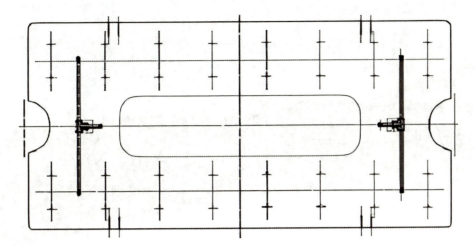

图 D.5　T形测量标架在框架轨道板上的安放位置示意图

附录 E 道岔精调作业

E.1 道岔线形测量

道岔线形测量应满足以下规定。

(1)应用轨道几何状态测量仪测量道岔线形,测量范围包括道岔前后各 30 m。

(2)全站仪依据 CPⅢ控制点在中线位置设站,对扣件螺栓对应的轨道位置进行逐点测量,全站仪测量范围宜为 5~80 m,2 次设站重复测量不应少于 5 点,重复测量区应避开转辙器及辙叉区。

(3)应先测量直线段线形,后测量曲线段线形,并对承轨台位置按岔枕编号的方式进行标记。

E.2 数据评估及调整量计算

(1)数据评估应符合以下规定。

①道岔线形几何状态可通过测量数据进行评估,评估标准应符合本书第8章的规定。

②将道岔转辙器FAKOP区线路实测的轨距和轨向值与设计值之差以优先直向兼顾曲向的原则进行单独评估。

(2)调整量计算应符合以下规定。

①道岔线形良好、超差点少时,可直接判定道岔线形的调整量;否则,用软件计算调整量。

②调整量计算应遵循"先保证直股,再兼顾曲股;转辙器及辙叉区少动,两端线路顺接"的原则。

E.3　道岔精调

(1)道岔精调作业应遵循"先方向,后水平;先直股,后曲股;先整体,后局部"的原则。

(2)第一次精调应遵循以下步骤。

①按照调整量优先调整道岔直基本轨的岔前缝至与导轨相连的位置,为道岔转辙器调整确定基本方向。

②沿道岔直基本轨外侧在转辙器全长范围张拉30 m以上的钢弦线,使用钢板尺检查扣件螺栓处弦线距FAKOP区拉槽的距离,对偏差大于1 mm的点,通过更换偏心锥的方式予以调整。

③对照设计图,用支距尺检查曲基本轨与直基本轨间距,对偏差大于1 mm的点通过更换偏心锥的方式调整曲基本轨轨向。

④用塞尺检查曲尖轨与直基本轨、直尖轨与曲基本轨间隔铁间隙,对间隙大于1 mm的点进行调整。

⑤用轨距尺或轨道几何状态测量仪检查转辙器区段直向轨距,对偏差超过1 mm的点通过更换偏心锥的方式调整曲基本轨及直尖轨轨向。

⑥将30 m钢弦线向岔后方向平移,两次张线时搭接长度不应小于10 m,用钢板尺检查扣件螺栓处弦线距导轨外侧的距离,对偏差大于1 mm的点,通过更换偏心锥的方式予以调整。

⑦以直向轨距控制尖轨后导轨方向的调整,以支距控制曲向尖轨后导轨轨向的调整,以曲向轨距控制曲基本轨后导轨轨向的调整。

⑧辙叉区原则上不作调整。

⑨直向调整时,同时完成道岔前 10 m 及道岔后 30 m 线路轨向的调整。

⑩直向调整完成后,将道岔尖轨、心轨转到曲向位置。

⑪以轨距控制辙叉区段曲基本轨后导轨轨向的调整。

⑫调整完成后,用轨道几何状态测量仪复测道岔轨道线形数据,并评估和计算新的线形调整量。

(3)第二次精调应遵循以下步骤。

①对照调整量清单,按直接更换偏心锥的方式完成拟定的轨距、轨向超差点的调整,通过 30 m 弦线、支距尺和轨距尺检查调整效果。

②每调整完成一次,用轨道几何状态测量仪复测道岔轨道线形数据,重新评估和计算线形调整量,再重新调整和复测,重复以上过程,直到评估结果显示道岔轨距、轨向合格。

③高程调整时,以尖轨侧为基准轨,对照调整量清单直接更换调高垫板,以水平变化值控制调整量,用电子水准仪复测调整效果,不合格处重复调整及复测,再以水平控制另一股钢轨高程的调整。

E.4　轨道内部几何状态检查及调整

轨道内部几何状态检查及调整应满足下列规定。

(1)道岔轨道内部几何状态检查和调整项目包括检查尖轨与基本轨是否密贴、检查尖轨与滑床板是否密贴以及调整尖轨跟端限位器等。

(2)道岔轨道内部几何状态的检查和调整,应安排在道岔线形调整的后期同步进行。

(3)尖轨与滑床板间存在较大间隙时,应优先使用调高垫板,然后用滚轮调整片调整。

E.5　道岔轨道长波平顺性调整

在道岔轨道短波平顺性调整合格的基础上,保持道岔区轨道的几何状态,调整道岔前后轨道线形,完成道岔轨道长波平顺性的调整。

附录 F 钢轨伸缩调节器精调

F.1 钢轨伸缩调节器一次精调

钢轨伸缩调节器的一次精调应满足下列规定。

(1)应用高精度水准仪、全站仪进行钢轨伸缩调节器一次精调。

(2)钢轨伸缩调节器一次精调前应完成道床模板、竖向调整支撑螺杆及横向调整支架的安装。

(3)应用水准仪对钢轨伸缩调节器轨面逐点测量,计算调整量,调整支撑螺杆高度。

(4)以线路中线基准点为准,用全站仪测量计算横向调整量,调整横向螺杆并固定,再以轨道两侧张拉的钢弦线复核轨道中线。

(5)以基本轨一侧为基准调整轨距,尖轨检测点轨距允许偏差应符合设计要求。

(6)调整尖轨应与基本轨密贴,直线度应满足设计要求。

F.2　钢轨伸缩调节器二次精调

钢轨伸缩调节器的二次精调应满足下列规定。

(1)应用轨道几何状态测量仪测量钢轨伸缩调节器的几何状态,根据测量数据计算调整量。

(2)应根据调整量进行轨向、高程、水平、轨距的调整。

(3)道床混凝土浇筑前,钢轨伸缩调节器几何状态的允许偏差应符合相关现行检测验收规定。

F.3　钢轨伸缩调节器精调要求

(1)钢轨伸缩调节器精调应满足以下要求。

①全站仪应使用边角交会法设站,至少应使用6个CPⅢ控制点。

②设站坐标分量中误差不应大于0.7 mm,定向中误差不应大于1.4″。

③用CPⅢ控制点复核轨面高程时,应用高程残差最小的CPⅢ控制点。

④全站仪测量范围应为5～60 m。

⑤最后一次精调和浇筑的时间差超过12 h,需要重新复测;气温变化大于15 ℃时,需要重新复测;轨排受到任何不允许的外力干扰,需要重新复测。

(2)钢轨伸缩调节器精调允许偏差应符合以下规定。

①平面位置和高程偏差控制在0.7 mm以内;超高偏差控制在0.5 mm以内;相邻两个螺杆调节器平面和高程偏差之差不超过0.5 mm,超高偏差之差不超过0.5 mm。

②钢轨伸缩调节器精调技术指标应符合表F.1的规定。

表 F.1　钢轨伸缩调节器精调技术指标

序号	检测项目	偏差要求
1	钢轨伸缩调节器铺架(设)水平、高低	水平≤2 mm,高低每10 m弦量偏差≤2 mm

续表

序号	检测项目	偏差要求
2	钢轨伸缩调节器方向	目视呈直线,每 10 m 弦量偏差≤1 mm
3	钢轨伸缩调节器始端轨距	−2～1 mm
4	尖轨尖端轨距	−2～1 mm
5	尖轨轨头切削起点处轨距	−2～1 mm
6	尖轨(在尖轨刨切范围内)与基本轨密贴	间隙≤0.2 mm
7	尖轨其余部分与基本轨密贴	间隙≤0.5 mm
8	尖轨工作边直线度	机加工段≤0.2 mm,全长≤1 mm
9	尖轨跟端轨距	−1～1 mm
10	钢轨伸缩调节器全长	−5～5 mm
11	钢轨伸缩调节器轨枕位置偏差	−3～3 mm